# Perspectives

## Allez-y !

**A2**

Sprachtraining Französisch

Federica Colombo

Vokabeltrainer-App

*Verfügbar für: iOS, Android und Windows Phone*

**Sprachtraining Französisch**

**Im Auftrag des Verlages erarbeitet von:**
Federica Colombo

**Redaktion:** Camille Oswald

**Projektleitung:** Dr. Ulrike Litters

**Redaktionsleitung:** Andreas Goebel

**Illustration:** Laurent Lalo

**Umschlaggestaltung:** werkstatt für gebrauchsgrafik, Berlin

**Layout und technische Umsetzung:** graphitecture book & edition

www.cornelsen.de

Soweit in diesem Lehrwerk Personen fotografisch abgebildet sind und ihnen von der Redaktion fiktive Namen, Berufe, Dialoge und Ähnliches zugeordnet oder diese Personen in bestimmte Kontexte gesetzt werden, dienen diese Zuordnungen und Darstellungen ausschließlich der Veranschaulichung und dem besseren Verständnis des Inhalts.

1. Auflage, 3. Druck 2024

Alle Drucke dieser Auflage sind inhaltlich unverändert
und können im Unterricht nebeneinander verwendet werden.

© 2016 Cornelsen Schulverlag GmbH, Berlin
© 2021 Cornelsen Verlag GmbH, Berlin

Das Werk und seine Teile sind urheberrechtlich geschützt.
Jede Nutzung in anderen als den gesetzlich zugelassenen Fällen bedarf der
vorherigen schriftlichen Einwilligung des Verlages.
Hinweis zu §§ 60 a, 60 b UrhG: Weder das Werk noch seine Teile dürfen ohne eine
solche Einwilligung an Schulen oder in Unterrichts- und Lehrmedien (§ 60 b Abs. 3 UrhG)
vervielfältigt, insbesondere kopiert oder eingescannt, verbreitet oder in ein Netzwerk
eingestellt oder sonst öffentlich zugänglich gemacht oder wiedergegeben werden.
Dies gilt auch für Intranets von Schulen und anderen Bildungseinrichtungen.

Druck: Athesiadruck GmbH

ISBN 978-3-06-520186-5

# Inhaltsverzeichnis

Unité **1** — Seite 4
**C'est la rentrée !**

Unité **2** — Seite 9
**Tenue correcte souhaitée**

Unité **3** — Seite 15
**Je me rappelle…**

Unité **4** — Seite 21
**La ville en rose**

Unité **5** — Seite 27
**Tout est culture**

Unité **6** — Seite 33
**Métro, boulot, dodo**

Unité **7** — Seite 39
**Cherche appartement…**

Unité **8** — Seite 45
**Une île, un monde**

Unité **9** — Seite 50
**Qu'est-ce qu'on fête ?**

Unité **10** — Seite 56
**En forme ?**

Unité **11** — Seite 62
**Ça roule ?**

Unité **12** — Seite 67
**Y a pas d'âge…**

Lösungen — Seite 72

# Unité 1 — C'est la rentrée !

## Vocabulaire

**1** À quels mots pensez-vous en regardant cette photo ? Écrivez-les.
Welche Wörter fallen Ihnen zu diesem Bild ein? Notieren Sie sie.

**2** Regardez les dessins. Lisez les trois textes et choisissez celui qui convient.
Schauen Sie sich die Bilder an. Lesen Sie die drei Texte und wählen Sie den passenden Text aus.

1. ☐ Ce matin, je me suis réveillé à sept heures, comme d'habitude. Je me suis levé, je me suis fait un café, je me suis douché et habillé, et puis je suis sorti pour aller au bureau. Malheureusement, je suis resté une heure dans les embouteillages.

2. ☐ Ce matin, je me suis réveillé à sept heures et je me suis levé tout de suite. D'abord, je me suis douché, puis je me suis habillé et j'ai pris le petit-déjeuner. La journée a bien commencé, mais après, je suis resté une heure dans les embouteillages.

3. ☐ Ce matin, je me suis réveillé à sept heures. Je me suis levé et je me suis douché. Puis je me suis fait un café et j'ai lu le journal. Vers huit heures, je me suis habillé et je suis sorti. Malheureusement, je suis resté une heure dans les embouteillages.

# Unité 1

**3** Quel est le contraire ? Complétez les mots croisés.
Wie lautet das Gegenteil? Lösen Sie das Kreuzworträtsel.

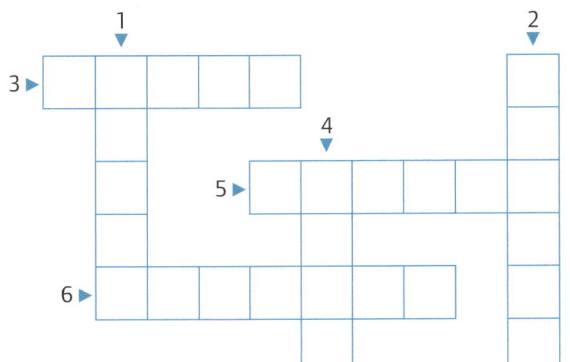

1. se coucher ≠ se ?
2. être à l'heure ≠ être en ?
3. être de bonne humeur ≠ avoir le ?
4. se lever tôt ≠ se lever ?
5. décontracté ≠ ?
6. partir en vacances ≠ ? de vacances

## Grammaire

**4** Reliez les deux parties de phrases.
Verbinden Sie die Satzteile.

1. Ludovic s'est
2. Sandrine s'est
3. Florence et Marie se sont
4. Les Dupont se sont

a. bien reposées pendant les vacances.
b. amusé en colonie de vacances.
c. dépêchés pour arriver à l'heure.
d. levée tard pendant deux mois.
e. mal rasé.
f. couchés tard.
g. habillées très vite.
h. douchée avant le petit-déjeuner.

**5** Accordez le participe si nécessaire.
Gleichen Sie das Partizip an, wenn nötig.

1. Luc et moi, nous sommes parti_____ le 3 août.
2. On a décidé_____ de partir en Sardaigne.
3. Et toi, Laurence, tu t'es bien amusé_____ en Corse ?
4. Léa a réservé_____ une chambre d'hôtel pour le weekend.
5. Elles se sont maquillé_____ pour sortir en boîte.
6. Nous avons recommencé_____ à travailler aujourd'hui.
7. Mes amis sont arrivé_____ en retard.
8. Pierre, tu t'es reposé_____ pendant les vacances ?

cinq 5

**6** Mettez les phrases suivantes au passé composé.
**Wandeln Sie die folgenden Sätze ins passé composé um.**

1. Ils se reposent au bord de la piscine.
   _____

2. Je me maquille pour le travail.
   _____

3. Julie se lève très tôt.
   _____

4. Elles s'occupent de leur petite sœur.
   _____

5. Mon chéri, tu t'amuses bien avec tes amis ?
   _____

6. Marc et moi nous promenons dans le parc, pendant la pause de midi.
   _____

**7** Mettez maintenant les phrases au passé composé de l'exercice 6 à la forme négative.
**Verneinen Sie nun die ins passé composé gesetzten Sätze der Übung 6.**

_____    _____
_____    _____
_____    _____

**8 a** Trouvez dans la chaîne de mots les formes de « voir ». Écrivez-les à côté des pronoms correspondants.
**Finden Sie in der Wörterschlange die Formen des Verbs voir und schreiben Sie sie neben die entsprechenden Pronomen.**

prvoyonsèvvoisoirenvoienttrevovoyezirrevoisvoivoitr

je _____    tu _____    il / elle / on _____

nous _____    vous _____    ils / elles _____

**8 b** Formez trois autres verbes qui se conjuguent comme « voir » avec le reste des lettres dans l'ordre donné.
**Bilden Sie mit den restlichen Buchstaben weitere Verben, die wie voir konjugiert werden.**

autres verbes : _____

Unité **1**

## Communication

**9** Regardez les dessins. Que dessineriez-vous dans la case vide ? Écrivez une histoire et inventez la fin.
Schauen Sie sich die Bilder an. Was würden Sie im letzten Bild zeichnen? Schreiben Sie eine Geschichte zu den Bildern und erfinden Sie ein Ende.

_La semaine dernière, je suis sortie avec…_

**10** Racontez ce que Frédéric a fait hier. Décrivez sa journée.
Erzählen Sie, was Frédéric gestern gemacht hat. Beschreiben Sie seinen Tagesablauf.

**11** Choisissez pour chaque dialogue la fin adéquate.
**Wählen Sie zu den beiden kurzen Dialogen das passende Ende aus.**

1. – Le weekend dernier, ça a été la catastrophe. On est rentrés après minuit.
   + Comment ça ?
   – a. ☐ Tu sais, nous sommes partis de bonne heure.
     b. ☐ Eh ben, c'est parce qu'on est restés plus de deux heures dans les embouteillages.
     c. ☐ Dis donc, on a voyagé sans problèmes pendant deux heures.

2. – Désolé, je suis en retard.
   + Il y a eu des embouteillages ?
   – a. ☐ Non, je suis venu en voiture.
     b. ☐ Oui, je suis venu à vélo.
     c. ☐ Non, j'ai pris le métro, mais il y a eu des problèmes sur la ligne.

**12** Reliez les phrases de gauche aux réactions correspondantes de droite.
**Verbinden Sie die Sätze links mit den passenden Reaktionen rechts.**

1. Pourquoi tu ne m'as pas appelé ?      a. Ce n'est pas de ma faute.
2. Pardon, je dois descendre.            b. Oui, oui, je vous laisse passer.
3. Monsieur, vous avez l'heure ?         c. Excusez-moi, mais pouvez-vous répéter ?
4. Tu viens maintenant !?                d. Désolée, mon portable est déchargé.
5. Ce n'est pas très sympa.              e. Je suis désolé, non.
6. Vous avez compris ?                   f. Excuse-moi, me voilà !

**13** Réagissez d'après les indications données.
**Reagieren Sie den Hinweisen entsprechend.**

– *Sie begrüßen Ihren Gesprächspartner, der von der Arbeit zurückkommt, und schlagen vor, am Abend ins Kino zu gehen.*

_____

+ Au cinéma ? Ce soir ? Désolé, je suis très fatigué. Je n'ai pas envie.
– *Sie sagen, dass es nicht schlimm ist.*

_____

+ Oui, mais quand même, je sais que ce n'est pas sympa. Tu veux sortir et moi, je ne suis pas en forme.
– *Sie sagen, dass Ihr Gesprächspartner sich keine Sorgen machen soll.*

_____

+ D'accord… Je voudrais aller me coucher tout de suite, mais j'ai encore plein de choses à faire…
– *Sie sagen, dass Sie gerne helfen würden.*

_____

# Tenue correcte souhaitée

## Unité 2

### Vocabulaire

**1** Notez autant de mots que possible. Utilisez le carnet de vocabulaire (Vokabeltaschenbuch) si nécessaire.
Schreiben Sie so viele Wörter wie möglich auf. Nehmen Sie ggf. das Vokabeltaschenbuch zu Hilfe.

| vêtements | chaussures | accessoires |
|---|---|---|
| _____ | _____ | _____ |
| _____ | _____ | _____ |
| _____ | _____ | _____ |

**2** Comment s'appellent ces vêtements et accessoires ? Écrivez leur nom.
Wie heißen diese Kleidungsstücke und Accessoires? Notieren Sie die entsprechenden Bezeichnungen.

neuf 9

**3** Reliez les personnages aux descriptions correspondantes.
Verbinden Sie die Personen mit den entsprechenden Beschreibungen.

1. ☐ Lukas a les cheveux courts et il porte des lunettes.
2. ☐ Les cheveux de Murielle sont raides et assez longs.
3. ☐ Sophie a les cheveux courts et elle aime les boucles d'oreille.
4. ☐ Vincent est grand, ses cheveux sont roux et frisés.
5. ☐ Bruno a une barbe et il porte des lunettes. Il est toujours très élégant.
6. ☐ Sylvie a les cheveux longs. Elle porte un collier et des boucles d'oreille.

## Grammaire

**4** Répondez aux questions. Utilisez les pronoms compléments.
Beantworten Sie die Fragen. Benutzen Sie die Objektpronomen.

1. Vous connaissez Clara, ma sœur ? – Non, _____
2. Tu vois, là-bas, notre prof de français ? – Non, _____
3. Ils vous invitent aussi ? – Non, _____
4. Alors, tu achètes les billets sur Internet ? – Non, _____
5. On organise une soirée avec Gilles ? – Non, _____
6. Tu m'appelles demain ? – Non, _____
7. Tu nous écris ? – Non, _____
8. Il t'aide à faire tes exercices ? – Non, _____

## 5  Complétez les phrases d'après le modèle.
Ergänzen Sie die Sätze nach dem Modell.

rentrer • écouter • fermer • manger • jouer • passer

_N'écoute pas_ la musique si fort !

_____ des heures au téléphone !

_____ la fenêtre ! Il fait froid.

_____ tout le temps sur l'ordinateur !

_____ devant la télé !

_____ avant 19 heures pour le dîner !

## 6  Avec les expressions données, écrivez des phrases à l'impératif (2ᵉ personne singulier et pluriel).
Bilden Sie mit Hilfe der Ausdrücke Sätze im Imperativ (2. Person Singular und Plural).

faire attention • venir ici • prendre une veste • partir tout de suite • attendre deux minutes • lire ce mail

| tu | vous |
| --- | --- |
|  |  |
|  |  |
|  |  |
|  |  |
|  |  |

## 7  Mettez les phrases de l'exercice 6 à la forme négative.
Verneinen Sie nun die Sätze aus Übung 6.

**8** **Mettez les phrases suivantes à l'impératif.**
**Setzen Sie die folgenden Sätze in den Imperativ.**

1. Tu dois aller chez le dentiste. _____

2. Vous devez écrire aux grands-parents. _____

3. Tu dois acheter du pain. _____

4. Tu ne dois pas manger trop de chocolat. _____

5. Tu dois appeler Louis. _____

6. Vous ne devez pas descendre ici. _____

**9** **Regardez le dessin et complétez les comparaisons. Utilisez « grand », « petit » et « bronzé ».**
**Sehen Sie sich das Bild an und ergänzen Sie die Vergleiche mit grand, petit und bronzé.**

1. Marie est _____ que Pierre.

2. Marie est _____ que Stéphanie.

3. Stéphanie est _____ que Pierre.

4. Pierre est _____ que Maurice.

5. Maurice est _____ que Stéphanie.

6. Maurice est _____ que Marie.

**10** **Formulez les phrases au comparatif.**
**Formulieren Sie Sätze im Komparativ.**

1. L'appartement des Nardin est grand, mais l'appartement des Monreux est petit.
   _____

2. Lyon est une belle ville… et Bordeaux aussi !
   _____

3. La vie dans une grande ville est stressante et la vie à la campagne est tranquille.
   _____

4. Le supermarché est pratique, mais les petits magasins sont sympas.
   _____

5. Les hôtels à Paris sont chers et les B & B aussi.
   _____

6. Sylvain est gentil, mais Arthur ne l'est pas.
   _____

# Unité 2

**11** Complétez les phrases avec les déterminants démonstratifs adéquats.
Welche Demonstrativbegleiter passen? Ergänzen Sie die Sätze.

1. Je voudrais essayer _____ deux pulls, _____ jupe rouge, _____ robe élégante et puis…
2. Mmh, qu'est-ce que je vais choisir? _____ film policier ou _____ comédie romantique?
3. _____ bottes sont très belles, mais mets _____ baskets : on va visiter la ville à pied !
4. _____ boucles d'oreille vont bien avec _____ collier.
5. J'adore _____ restaurant… et _____ tarte aux pommes est délicieuse !
6. Regarde, j'ai réservé _____ hôtel. _____ adresse Internet est vraiment intéressante, l'offre est bonne et les prix sont bon marché.

## Communication

**12** Rédigez un petit texte pour vous décrire ou décrire quelqu'un. Rassemblez d'abord tous les mots utiles.
Beschreiben Sie sich oder einen Bekannten in einem kurzen Text. Sammeln Sie vorher nützliche Wörter.

aspect physique

_____
_____
_____
_____

**13** Décrivez et comparez ces personnes. Comment sont-elles? Que portent-elles? Quel est leur style?
Beschreiben Sie und vergleichen Sie die Leute. Wie sind sie? Was tragen sie? Wie ist ihr Stil?

_____
_____
_____
_____

**14** Regardez les photos et écrivez un texte pour comparer ces maisons. Les adjectifs peuvent vous aider.
Schauen Sie sich die Fotos an und schreiben Sie einen vergleichenden Text. Die Adjektive dienen als Hilfe.

> vieux • moderne • cher • confortable • grand • clair • nouveau • petit • …

**Plus de 500 offres !**
Trouvez votre nouveau
chez-vous en deux clics !

_____
_____
_____

**15** Vous entrez dans un magasin. Comment réagissez-vous ? Cochez. Plusieurs réponses sont possibles.
Sie betreten ein Geschäft. Wie reagieren Sie? Kreuzen Sie an. Mehrere Antworten sind möglich.

1. Bonjour, je peux vous aider ?
   a. ☐ Merci, je regarde seulement.
   b. ☐ Je fais du 40.
   c. ☐ Je cherche un chemisier élégant.

2. Vous faites quelle taille ?
   a. ☐ Du 42, je crois.
   b. ☐ 1,70 m.
   c. ☐ Je fais du 40.

3. Ce modèle, vous aimez ?
   a. ☐ C'est le modèle en vitrine.
   b. ☐ Non, pas vraiment.
   c. ☐ Il est beau, mais est-ce qu'il y a d'autres couleurs ?

4. Comment vous le trouvez en noir ?
   a. ☐ C'est le dernier ?
   b. ☐ Je le préfère en blanc.
   c. ☐ J'aime bien.

5. Vous voulez l'essayer ?
   a. ☐ Je peux l'essayer ?
   b. ☐ Oui. Cette cabine est libre ?
   c. ☐ Volontiers. Où est la cabine ?

6. Ça vous va ?
   a. ☐ Je ne sais pas, il est trop large…
   b. ☐ Très bien, et vous ?
   c. ☐ Oui, il est parfait.

# Je me rappelle... Unité 3

## Vocabulaire

**1** Quel est l'intrus? Rayez-le.
Welches Wort passt nicht in die Reihe? Streichen Sie es durch.

1. l'argent • le lycée • l'école
2. l'examen • la démission • le bac
3. le travail • le concours • le poste
4. l'enseignant • l'écrivain • le professeur
5. donner des cours • enseigner • étudier
6. la bibliothèque • la faculté • l'université

**2** Trouvez douze adverbes et expressions de temps. Écrivez-les et séparez les mots entre eux si nécessaire.
Finden Sie zwölf Zeitadverbien und andere Ausdrücke der Zeit (Worttrennungen wurden nicht berücksichtigt). Ergänzen Sie dann die Tabelle.

| T | O | U | T | L | E | T | E | M | P | S | U |
|---|---|---|---|---|---|---|---|---|---|---|---|
| O | A | N | J | A | U | I | É | B | U | T | N |
| U | V | I | R | P | L | Q | H | A | I | A | J |
| J | A | U | T | R | E | F | O | I | S | L | O |
| O | N | G | I | È | A | T | A | N | T | O | U |
| U | T | E | U | S | L | S | S | J | O | R | R |
| R | D | H | A | B | I | T | U | D | E | S | F |
| S | E | T | O | U | T | À | C | O | U | P | O |
| S | O | U | V | E | N | T | R | E | S | A | I |
| T | O | U | S | L | E | S | J | O | U | R | S |

(meistens) mit **imparfait**
_____
_____
_____

(meistens) mit **passé composé**
_____
_____
_____

## Grammaire

**3** Complétez les mots croisés avec les formes manquantes du verbe « vivre » dans les cases correspondantes.
Lösen Sie das Kreuzworträtsel. Schreiben Sie die fehlenden Formen des Verbs **vivre** in die Felder.

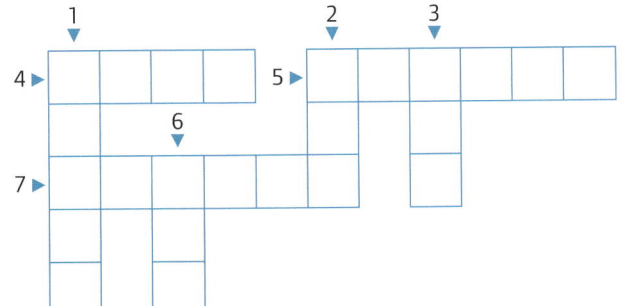

1. Vous **?** en couple depuis quand ?
2. Je **?** à mon compte.
3. Elle **?** pour ses enfants.
4. Il a **?** longtemps, il avait 90 ans.
5. Tes parents, ils **?** où ?
6. Tu **?** bien, tu aimes la vie.
7. Nous **?** des jours heureux, ici, à la campagne.

quinze 15

**4** Complétez le tableau avec les formes des verbes à l'imparfait.
Ergänzen Sie die Tabelle mit den Formen des imparfait.

|  | avoir | être | parler | dormir | répondre |
|---|---|---|---|---|---|
| je / j' | | | | | |
| tu | | | | | |
| il / elle / on | | | | | |
| nous | | | | | |
| vous | | | | | |
| ils / elles | | | | | |

**5** Lisez le mail de Justine. Complétez-le avec les verbes à l'imparfait.
Lesen Sie die E-Mail von Justine. Ergänzen Sie sie mit den Verben im imparfait.

avoir • être • dormir • aller • vouloir • sortir • vivre • étudier

Salut Charlotte !

Je suis rentrée hier soir de Londres. J'ai passé un super weekend ! J'ai bien aimé revoir la ville. Je me suis rappelée mon séjour d'il y a quelques années, quand j'_____ étudiante. À l'époque, j'_____ à la fac et j'_____ l'histoire. Je _____ dans une résidence étudiante et j'_____ beaucoup d'amis. Avec eux, on _____ tous les soirs et je _____ peu. Tout le monde _____ profiter de la ville, moi aussi !

Pendant ces trois jours, j'ai beaucoup marché, j'ai revu les endroits connus, j'ai visité des musées, j'ai fait du shopping... Alors, même cette fois-ci, j'ai peu dormi !

Et toi ? Qu'est-ce que tu as fait ?

Bisous

Justine

**6** **Les années 60, c'était comment ? Écrivez six phrases à l'imparfait.**
Wie waren die 60er Jahre? Setzen Sie die Sätze ins **imparfait**.

| | | |
|---|---|---|
| Les Français | être | les Beatles. |
| En moyenne, ils | travailler | en vacances. |
| Peu de familles | porter | un luxe. |
| La voiture ou le téléphone | partir | 600 francs (100 euros). |
| Tout le monde | gagner | la mini-jupe. |
| Les femmes | écouter | beaucoup. |

_____
_____
_____
_____
_____
_____

**7** **Que raconte Xavier ? Complétez les phrases.**
Was erzählt Xavier? Ergänzen Sie die Sätze.

Quand je travaillais à Lyon…

Tous les matins, _____

D'habitude, _____

Mais tous les weekends, _____

Un jour, _____

Ce jour-là, _____

**8** Écrivez une phrase pour chaque dessin. Utilisez l'imparfait et le passé composé.
Schreiben Sie pro Bild einen Satz mit dem imparfait und dem passé composé.

rentrer • commencer à pleuvoir

téléphoner • regarder l'heure • être tard

se doucher • eau • devenir froid

mettre la table • casser un verre

---

**9** Mettez le texte au passé. Utilisez l'imparfait et le passé composé.
Wandeln Sie diese Erzählung in die Vergangenheitsform um.
Benutzen Sie dabei das imparfait und das passé composé.

> Je sors avec des amis. On décide d'aller manger une glace et nous nous promenons dans le centre-ville. Il ne fait pas froid, on est bien. Sur la grande place, il y a une dame. Elle a les yeux bleu clair et les cheveux roux. Elle nous demande si elle peut nous lire les lignes de la main. D'abord, nous, on rigole. Puis Daniel lui donne sa main. La chiromancienne est contente ; elle prévoit pour Daniel une vie tranquille, une belle famille et beaucoup de chance. Après Daniel, Lisa aussi veut lui donner sa main. Pour Lisa aussi, tout est parfait et sans problèmes. On veut s'en aller, mais la chiromancienne me regarde et, après un moment, je lui donne ma main. Elle me parle chaleureusement : un mariage très proche, des enfants, des voyages… Je me dis qu'elle sait raconter de belles histoires et je la regarde dans les yeux. Elle est contente.

*Hier soir,*

# Unité 3

## Communication

**10** Regardez les photos et lisez le texte donné en exemple. Écrivez un texte pour chacune des autres photos.
Schauen Sie sich die Fotos an und lesen Sie den Beispieltext. Schreiben Sie drei weitere kurze Texte zu den anderen Fotos.

On est allés dans les Alpes. On a fait beaucoup de randonnées. En général, on partait le matin, assez tôt, et on rentrait dans l'après-midi. On marchait pendant des heures et on admirait les paysages. Un jour, on est même partis à cinq heures du matin pour aller à un lac à 2600 mètres.

**11** Décrivez un évènement inoubliable.
Beschreiben Sie einen unvergesslichen Ausflug.

> Comment c'était ? • Qu'est-ce qu'il y avait ? • Qui y a participé ? • Quel temps faisait-il ? • …

**12** Lisez le texte. À quelle photo se rapporte-t-il ? Écrivez un texte similaire pour chacune des autres photos.
Lesen Sie den Text. Auf welches Bild bezieht er sich? Schreiben Sie ähnliche Texte für die restlichen drei Bilder.

Sur cette photo, Laurent avait dix ans. Il allait déjà à l'école et il passait les après-midis chez ses grands-parents. Il s'amusait bien avec son grand-père. Ils jouaient ensemble pendant des heures…

dix-neuf 19

**13** Rapportez des habitudes typiques de votre vie passée.
Berichten Sie über typische Gewohnheiten aus Ihrer eigenen Vergangenheit.

> Quand j'étais petit, je jouais toujours à…

_____

**14** Quelle a été la formation scolaire et universitaire de Zoé ? Racontez.
Berichten Sie über die Schul- und Universitätsausbildung von Zoé.

1. *Sie sagen, Zoé war eine gute Schülerin.* _____
2. *Sie erzählen, sie besuchte ein Gymnasium.* _____
3. *Sie fügen hinzu, sie hat die Abitur gemacht.* _____
4. *Sie berichten, sie hat in Aix studiert.* _____
5. *Sie erklären, sie war bei der geisteswissenschaftlichen Fakultät.* _____

**15** Complétez les phrases et mettez-les dans le bon ordre pour retrouver le parcours de Max.
Ergänzen Sie die Sätze und setzen Sie sie in die richtige Reihenfolge, um den Werdegang von Max zu rekonstruieren.

1. ☐ Après mes études, on m'a proposé un travail dans une bonne entreprise. J'ai tout de suite accepté.
2. ☐ Mais je travaillais de plus en plus, je rentrais _____ le soir.
3. ☐ J'étais jeune et je voulais faire _____. Je voulais devenir _____ d'entreprise !
4. ☐ Aujourd'hui, je travaille dans une banque. C'est monotone, mais j'ai le temps pour mes _____ !
5. ☐ J'étais super content. J'avais mon _____ fixe et mon _____ à 24 ans.
6. ☐ J'avais besoin d'une pause, alors, j'ai donné ma _____. Je suis parti en Afrique pendant trois ans.
7. ☐ Souvent, chez moi, le weekend, j'étais devant mon ordinateur. Je n'avais plus de _____.
8. ☐ Deux ans plus tard, j'ai changé de travail. J'ai commencé à travailler dans une entreprise plus importante. Je _____ beaucoup d'argent.

# La ville en rose

## Unité 4

### Vocabulaire

**1** Faites un filet de mots sur le thème de la «ville».
Bilden Sie ein Wörternetz zum Thema „Stadt".

**2** Écrivez l'adjectif correspondant à côté de chaque substantif.
Schreiben Sie neben jedes Nomen das entsprechende Adjektiv.

1. la province  _____
2. la culture  _____
3. la région  _____
4. la pollution  _____
5. l'art  _____
6. l'économie  _____
7. le monde  _____
8. le sport  _____
9. l'histoire  _____
10. le dynamisme  _____

### Grammaire

**3** Faites les mots croisés pour trouver de quel verbe il s'agit. Complétez ensuite l'expression en-dessous.
Machen Sie das Kreuzworträtsel, um herauszufinden, um welches Verb es sich handelt. Ergänzen Sie dann den Ausdruck darunter.

1. Tu [?] ce que tu veux manger ?
2. Vous en [?] , des choses !
3. Ils ne [?] pas répondre à la question.
4. Nous ne [?] pas quoi faire.
5. Demande-lui. Il [?] tout.

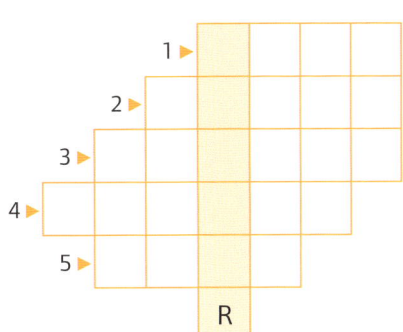

Je ne _____ pas.

**4** Lisez les réponses et formez les questions correspondantes au superlatif. Utilisez les mots donnés.
Lesen Sie die Antworten und bilden Sie dazu passende Fragen mit dem Superlativ. Benutzen Sie die angegebenen Wörter.

1. ville • pollué • France
   _____ ? – Nantes.

2. île • grand • Méditerranée
   _____ ? – La Sicile.

3. roi • célèbre • France
   _____ ? – Louis XIV.

4. montagne • haut • Europe
   _____ ? – Le mont Blanc.

5. jour • long • année
   _____ ? – Le 21 décembre.

6. capitale • visité • Europe
   _____ ? – Londres.

**5** Formez des phrases au superlatif. Utilisez les éléments donnés.
Bilden Sie Sätze mit dem Superlativ. Benutzen Sie die vorgegebenen Elemente.

| … | c'est | homme / femme politique<br>personnage célèbre<br>monument / musée<br>chanson<br>film / émission<br>sport | extraordinaire<br>intéressant<br>pratiqué<br>romantique<br>sympa<br>agréable<br>détesté<br>drôle | ville<br>pays<br>monde<br>année<br>siècle<br>région |

_____
_____
_____
_____

22 vingt-deux

## Unité 4

**6** Complétez avec les formes de l'adjectif « beau ».
Ergänzen Sie mit den Formen von **beau**.

1. Il fait _____ aujourd'hui !
2. Ils habitent un _____ appartement dans le centre-ville.
3. J'aime bien ces chaussures. Elles sont très _____.
4. Il a fait de très _____ photos pendant les vacances.
5. Il me regardait avec ses _____ grands yeux noirs.
6. On a fait une _____ promenade dans la forêt.

**7** Trouvez huit adjectifs et écrivez-les à côté des substantifs correspondants. Accordez si nécessaire.
Finden Sie acht Adjektive. Schreiben Sie sie neben die Nomen. Gleichen Sie, wenn nötig, an.

| G | M | O | N | D | I | A | L | S | R | I | K |
|---|---|---|---|---|---|---|---|---|---|---|---|
| É | H | F | U | R | É | G | I | O | N | A | L |
| N | U | P | R | O | V | I | N | C | I | A | L |
| I | C | O | M | M | E | R | C | I | A | L | M |
| A | C | O | N | V | I | V | I | A | L | L | U |
| L | B | S | P | A | T | I | A | L | T | E | D |

1. des spécialités _____
2. une idée _____
3. des échanges _____
4. des relations _____
5. le patrimoine _____
6. les classes _____
7. un accent _____
8. l'industrie _____

**8** Choisissez le pronom relatif qui convient.
Wählen Sie das passende Relativpronomen.

1. La carte postale *où / qu' / qui* est sur la table est pour Marie.
2. Le quartier *que / où / qui* j'habite est très visité par les touristes.
3. Zoé va à la bibliothèque *que / qui / où* est près de son école.
4. Le livre *qu' / qui / où* il va présenter est son premier roman.
5. On est à la piscine *qui / que / où* Valérie suit un cours de natation.
6. Tu es arrivé un après-midi *qu' / où / qui* il a beaucoup plu.
7. Les amis *que / qui / où* nous attendaient sont des amis de Francfort.
8. L'histoire *où / que / qui* tu connais n'est pas la même *qui / où / que* je connais.

**9** Comment relieriez-vous les deux phrases principales ? Formez des phrases relatives.
**Wie würden Sie die beiden Hauptsätze jeweils verbinden? Bilden Sie Relativsätze.**

1. J'ai fait un gâteau. Il était très bon.
   _____

2. Luc connaît Claudia. Moi aussi, je la connais.
   _____

3. J'ai terminé ce travail. Je l'ai commencé hier.
   _____

4. Camille est au téléphone. Elle devrait faire ses devoirs.
   _____

5. Louise a invité Pierre. Moi, je ne le connais pas.
   _____

6. Tu devrais lire cet article. Il est très intéressant.
   _____

## Communication

**10** Vous rencontrez un Français qui s'intéresse à votre ville. Répondez à ses questions.
**Sie treffen einen Franzosen, der sich für Ihre Stadt interessiert. Beantworten Sie seine Fragen.**

1. Vous habitez une grande ou une petite ville ?
   _____

2. Y a-t-il des parcs ou des espaces verts ?
   _____

3. Le centre-ville est-il plutôt grand ou petit ? Est-il interdit aux voitures ?
   _____

4. Et les moyens de transport ? Y a-t-il un bon réseau ?
   _____

5. Êtes-vous satisfait des offres culturelles et sportives de votre ville ?
   _____

6. Qu'est-ce que vous aimez particulièrement dans votre ville ?
   _____

7. Y a-t-il quelque chose que vous aimeriez changer ?
   _____

# Unité 4

**11** Sur la base des réponses de l'exercice 10, écrivez un court texte sur votre ville.
Auf der Basis der Antworten aus Übung 10 schreiben Sie nun einen kurzen Text über Ihre Stadt.

_____
_____
_____
_____

**12** Et les voisins ? Comment sont-ils ? Regardez les dessins et écrivez une ou deux phrases à leur sujet.
Und die Nachbarn? Wie sind sie? Schauen Sie sich die Bilder an und schreiben Sie ein oder zwei Sätze zu ihnen.

_____  _____  _____
_____  _____  _____
_____  _____  _____

vingt-cinq 25

**13** Que dites-vous ? Écrivez vos phrases en français.
Was sagen Sie? Schreiben Sie Ihre Sätze auf Französisch.

1. *Sie sagen, für Sie ist die Kultur das wichtigste.*

2. *Sie sagen, Ihrer Meinung nach sollen die kulturellen Angebote preiswert sein.*

3. *Sie sagen, einerseits kostet die Kultur viel Geld für die Stadt.*

4. *Sie sagen, anderseits sollen alle davon profitieren können.*

5. *Sie sagen, es stimmt, es gibt schon einige Angebote.*

6. *Sie sagen, Sie finden, eine größere Vielfalt an Angebote sei wichtig.*


**14** Choisissez la réaction adéquate.
Wählen Sie die richtige Reaktion aus.

Vous vous installez dans un nouveau quartier.

1. Qu'est-ce qui est important pour vous ?
   a. ☐ C'est vrai que le quartier doit être calme.
   b. ☐ Pour moi, un quartier calme, c'est essentiel.

2. Alors, vous habitez dans un quartier tranquille ?
   a. ☐ Oui. Et ça, vraiment, j'apprécie !
   b. ☐ Je trouve quand même qu'il est tranquille.

3. Est-ce que tout est positif ?
   a. ☐ C'est vrai que l'été il y a trop de touristes.
   b. ☐ Eh ben, non. D'un côté, on a la mer, c'est super.
      De l'autre, l'été il y a trop de touristes.

4. Vous êtes content de vivre ici, non ?
   a. ☐ Oui, je trouve quand même qu'on est bien.
   b. ☐ L'essentiel, c'est qu'on est bien.

5. Et le climat, il est doux ?
   a. ☐ Les hivers sont doux, par contre, les étés sont chauds.
   b. ☐ Oui, je trouve quand même que le climat est doux.

# Tout est culture

## Unité 5

### Vocabulaire

**1** Regardez les photos et écrivez le nom des différentes activités.
Schauen Sie sich die Fotos an und notieren Sie die Bezeichnungen der entsprechenden Aktivitäten.

**2** Lisez les phrases et écrivez les mots manquants dans les cases correspondantes.
Lesen Sie die Sätze und schreiben Sie die fehlenden Wörter in die Felder.

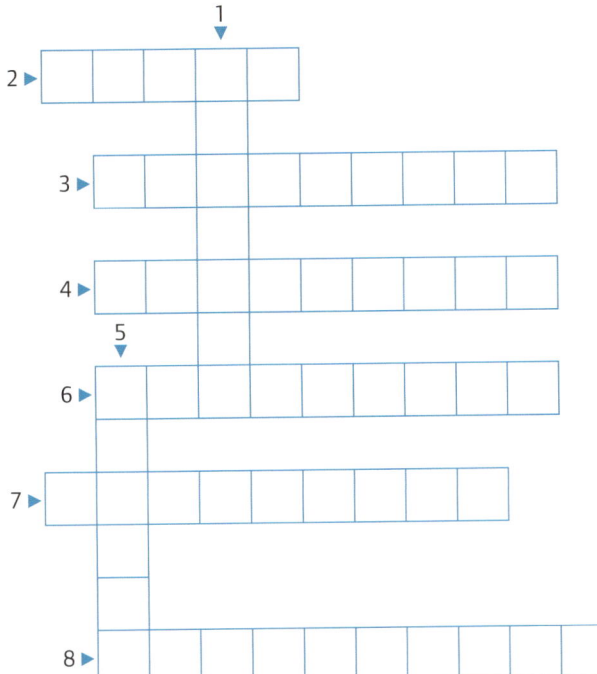

1. Je veux m'inscrire à un ? de peinture.
2. Je veux assister au ? politique de ce soir.
3. J'ai réservé des billets pour le ? de samedi prochain.
4. Le ?, c'est sa passion, il passe les weekends à travailler dans sa maison.
5. On a été au ? et les acrobates ont été fantastiques.
6. Hélène suit un cours de ?. Elle adore travailler la terre cuite.
7. J'aime la musique classique et je joue dans l' ? de ma ville.
8. Demain, je visiterai une ? temporaire au centre-ville.

## Grammaire

**3** Complétez les phrases avec les formes de « tout ».
Ergänzen Sie die Sätze mit den Formen von tout.

1. Tu as déjà appris _____ le poème !?
2. Jean est parti à Lyon pour _____ la semaine, il rentre vendredi soir.
3. Dans un mois, c'est mon anniversaire et je vais inviter _____ mes amis.
4. Ils ne savent pas quoi faire, ils s'ennuient _____ le temps.
5. Je n'en pouvais plus. Elle a essayé _____ les paires de chaussures du magasin.
6. Il a dû changer _____ ses habitudes : il fait du sport, il mange bien et il ne fume plus.

**4** Que signifient ces phrases ? Reliez les phrases allemandes aux phrases françaises.
Was bedeuten die Sätze? Verbinden Sie die deutschen mit den französischen Sätzen.

1. *Er arbeitet jeden Tag.*
2. *Er arbeitet den ganzen Tag.*
3. *Er arbeitet alle Tage.*

a. Il travaille tous les jours.
b. Il travaille toute la journée.

**5** Dites-le différemment. Utilisez « tout ».
Sagen Sie es anders. Benutzen Sie tout.

1. Émilie téléphone chaque jour à ses amies.

   Elle leur téléphone _____.

2. Vincent n'arrête pas de parler.

   Il parle _____.

3. Malheureusement, il a plu du matin au soir.

   Il a plu _____.

4. Les Duval sont restés à la mer pendant les deux mois de vacances.

   Ils sont restés à la mer _____
   _____.

5. Julia donne des cours, le soir, du lundi au vendredi.

   Elle donne des cours _____.

6. Une fois par semaine, le jeudi, Marie-Line fait de la poterie.

   Elle fait de la poterie _____.

# Unité 5

**6** Reliez les questions aux réponses et soulignez ce que remplace le pronom « y ».
Verbinden Sie Fragen und Antworten und unterstreichen Sie, was das Pronomen y ersetzt.

1. Comment tu vas chez Cyril ?
2. Pourquoi tu vas à la bibliothèque ?
3. Quand vas-tu au cinéma ?
4. Avec qui tu vas en vacances ?
5. On se retrouve chez Loïc ?
6. Quand vas-tu au marché en général ?

a. J'y vais avec ma famille.
b. J'y suis déjà.
c. J'y vais samedi soir.
d. J'y vais pour étudier.
e. J'y vais tous les samedis matin.
f. J'y vais en voiture.

**7** Répondez aux questions. Utilisez le pronom « y » si possible.
Beantworten Sie die Fragen. Benutzen Sie das Pronomen y, wenn möglich.

1. Tu vas au travail à huit heures ? – Oui, _____.
2. Vous êtes en classe ? – Non, _____ encore.
3. Vous venez directement du bureau ? – Oui, _____.
4. La tablette est sur le bureau ? – Oui, _____.
5. Les clés sont dans ton sac ?
   – Oui, _____.
6. Vous rentrez de vacances ?
   – Oui, _____.
7. On va chez Christine ?
   – Non, _____.
8. Tu vas à Montpellier cet été ?
   – Non, _____.

**8** Trouvez quatorze formes au conditionnel et écrivez-les avec le pronom personnel sujet correspondant.
Finden Sie vierzehn Formen des conditionnel und notieren Sie sie mit dem entsprechenden Personalpronomen.

aimerais aurions devriez passeraient voudrait donnerais pourrions aurait parleraient devraient arriverait voudriez aurais chercheraient

_____
_____
_____
_____

vingt-neuf 29

**9** Complétez les bulles avec les verbes au conditionnel.
Ergänzen Sie die Sprechblasen mit den Verben im **conditionnel**.

> laisser • avoir • vouloir • passer • pouvoir • mettre

**1** Tu me _____ l'eau, s'il te plaît ?

**2** Me _____-vous passer, s'il vous plaît ? Mon train part bientôt.

**3** _____-tu répondre, s'il te plaît ?

**4** Je _____ envoyer un paquet en Inde.

**5** Marc, tu _____ la table, s'il te plaît ? Ils arrivent !

**6** _____-vous l'heure, s'il vous plaît ?

Désolé, je n'ai pas de montre.

**10** Que veut-on exprimer ? Classez les phrases dans la bonne catégorie.
Was möchte man hier ausdrücken? Tragen Sie die Sätze in die Tabelle ein.

> Pourriez-vous me dire quelle heure il est ? • On pourrait aller au cinéma ce soir. •
> J'aimerais bien être déjà en vacances. • Il devrait y avoir un petit bistrot tout près d'ici. •
> Je voudrais apprendre le chinois. • Tu me donnerais la recette de cette quiche ? •
> Tu pourrais être un tout petit peu plus gentil avec moi ? • Voudriez-vous venir dîner chez nous ? •
> Ça te dirait de manger une pizza ? • Pourrais-tu m'aider, s'il te plaît ? • Elle devrait arriver bientôt.

| höfliche Bitte | Möglichkeit | Wunsch | Vorschlag |
|---|---|---|---|
| | | | |
| | | | |
| | | | |
| | | | |

**Unité 5**

**11** Écrivez des questions et inventez les réponses.
Schreiben Sie Fragen zu den Bildern und erfinden Sie Antworten.

## Communication

**12** Comment le dire autrement ? Pour chaque idée, écrivez une nouvelle phrase au conditionnel.
Wie kann man es anders ausdrücken? Schreiben Sie jeweils einen Satz mit dem conditionnel.

1. Ce que je désire ? Vivre dans un pays chaud ! _____
2. Un rêve ? Acheter une voiture plus grande ! _____
3. Ah, le tour du monde… _____
4. J'ai besoin de plus de temps pour moi. _____

**13** Classez les phrases de la moins à la plus polie.
Ordnen Sie die Sätze nach dem Grad der Höflichkeit: von weniger höflich bis höflicher.

☐ Donne-moi mon portable !
☐ Tu peux me donner mon portable, s'il te plaît ?
☐ Tu pourrais me donner mon portable, s'il te plaît ?
☐ Tu me donnes mon portable ?
☐ Tu me donnerais mon portable, s'il te plaît ?

**14** Complétez le dialogue d'après les indications données. Utilisez le conditionnel.
Ergänzen Sie den Dialog nach den Vorgaben. Benutzen Sie das conditionnel.

– *Sie sagen, Sie möchten Informationen über den Französischkurs haben.*
_____

+ Bien sûr, Monsieur / Madame. Qu'est-ce que vous désirez savoir ?

– *Sie fragen, an welchem Tag der Kurs stattfindet.*
_____

+ Le cours a lieu le mardi, de 18 h 45 à 20 h 15.

– *Sie fragen, was Sie tun sollen, um sich anzumelden.*
_____

+ Si vous voulez vous inscrire, j'ai besoin de votre nom, adresse…

– *Sie sagen, Sie hätten noch eine Frage. Sie möchten wissen, wie viel der Kurs kostet.*
_____

+ Il coûte 200 euros pour un semestre.

– *Sie sagen, Sie sind einverstanden und Sie fragen, ob Sie am Dienstag zahlen können.*
_____

+ Bien sûr ! Maintenant j'aurais besoin de votre nom et d'un numéro de téléphone…

**ÉCOLE « les langues »**
× cours de français
× tous niveaux
× cours intensifs
× petits groupes

**15** Formulez ces propositions autrement à l'aide du conditionnel. Il y a plusieurs possibilités.
Formulieren Sie diese Vorschläge mit Hilfe des conditionnel. Es gibt mehrere Möglichkeiten.

1. Téléphone ailleurs, va dans le salon. _____
2. Pourquoi ne pas aller au restaurant ce soir ? _____
3. Ça te dit de t'inscrire avec moi au cours de poterie ? _____
4. As-tu envie de sortir avec moi demain soir ? _____
5. On invite Gérard et Henriette pour le dîner ? _____
6. Tu veux aller au centre-ville avec moi ? _____

**16** Répondez aux propositions de l'exercice 15.
Beantworten Sie die Vorschläge aus Übung 15.

# Métro, boulot, dodo

## Unité 6

## Vocabulaire

**1** Associez chaque mot à l'explication correspondante.
Verbinden Sie jedes Wort mit der passenden Erklärung.

> démission • salaire • employeur • collègues •
> entretien d'embauche • candidature • horaires • contrat

1. La personne qui nous embauche : l'_____
2. Ce sont les heures travaillées : les _____
3. On la présente quand on cherche du travail : la _____
4. On l'accepte quand on a un nouveau travail : le _____
5. Ce sont les personnes qui travaillent avec nous : les _____
6. On le passe quand on espère trouver un emploi : l'_____
7. On la donne quand on veut quitter le poste qu'on a : la _____
8. C'est l'argent qu'on gagne tous les mois pour le travail qu'on fait : le _____

**2** Quelles phrases vont ensemble ? Reliez-les.
Welche Sätze passen zusammen? Verbinden Sie sie.

1. Je fais de petits boulots.
2. J'ai réussi le concours !
3. Je suis au chômage.
4. J'ai un bon travail.
5. J'ai donné ma démission.
6. J'ai postulé pour de petits jobs.

a. – Tu devrais présenter ta candidature partout.
b. – Et où as-tu présenté ta candidature ?
c. – Super ! Tu vas bientôt avoir un poste fixe.
d. – Et maintenant ? Tu n'as plus de travail !
e. – C'est parfait pour un étudiant !
f. – C'est vrai, tu as un super boulot !

**3** Écrivez le nom des pays avec l'article à côté du drapeau correspondant.
Schreiben Sie die Ländernamen mit Artikeln neben die entsprechenden Fahnen.

 1. _____

 2. _____

 3. _____

 4. _____

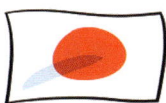 5. _____

 6. _____

**4** Regardez ces photos. À quel pays ou continent les associez-vous ?
Écrivez une phrase pour chaque photo.
**Sehen Sie sich diese Bilder an. Mit welchem Land bzw. Kontinent verbinden Sie sie? Schreiben Sie zu jedem Foto einen Satz.**

1. _____
2. _____
3. _____
4. _____
5. _____
6. _____

## Grammaire

**5** Qu'est-ce qui est typique ? Complétez les phrases avec la préposition qui convient.
**Was ist typisch? Ergänzen Sie die Sätze mit der richtigen Präposition.**

1. À Gizeh, _____ Égypte, on voit les plus grandes pyramides.
2. _____ Chine, on compte plus d'un milliard d'habitants.
3. Ankara, _____ Turquie, est plus petite qu'Istanbul.
4. _____ Maroc, les montagnes occupent une grande partie du pays.
5. _____ Sénégal, on a six langues nationales, mais on en entend beaucoup plus.
6. _____ Pays-Bas, une partie du pays est située sous le niveau de la mer.
7. _____ Pérou, le Machu Picchu est au patrimoine mondial de l'UNESCO depuis 1983.
8. _____ États-Unis, beaucoup de touristes visitent le Grand Canyon.

## Unité 6

**6 Choisissez la bonne expression.**
Wählen Sie den passenden Ausdruck aus.

1. Jean va arriver *dans / pendant* trois heures.
2. Pierre est arrivé *dans / il y a* deux jours.
3. Vous êtes là *il y a / depuis* deux heures.
4. *Ça fait / Depuis* une heure que je t'attends.
5. Il a parlé *pour / pendant* toute la réunion.
6. *Au bout d' / Il y a* un quart d'heure, je suis partie.

**7 Que remplace le pronom « en » ? Les photos peuvent vous aider. Répondez comme dans l'exemple.**
Wofür steht das Pronomen en? Die Fotos können Ihnen helfen. Antworten Sie wie im Beispiel.

1. Il en boit beaucoup.
   *des cafés / du café / du vin*
2. Il en met deux.
   _____
3. Nous en mangeons beaucoup.
   _____
4. J'en fais une.
   _____
5. Vous en achetez toujours trop.
   _____

**8 Transformez les phrases. Utilisez le pronom « en ».**
Wandeln Sie die Sätze um. Benutzen Sie das Pronomen en.

1. J'ai un livre. _____
2. Tu achètes un kilo d'oranges. _____
3. Tu écoutes des CD. _____
4. Il mange du riz avec de la viande. _____
5. Elles gagnent beaucoup d'argent. _____
6. On a deux enfants. _____

**9 Mettez les nouvelles phrases de l'exercice 8 à la forme négative.**
Verneinen Sie nun die neuen Sätze aus der Übung 8.

_____  _____
_____  _____
_____  _____

**10** Complétez les mots croisés avec les formes des verbes donnés au conditionnel.
Lösen Sie das Kreuzworträtsel mit den Formen der vorgegebenen Verben im conditionnel.

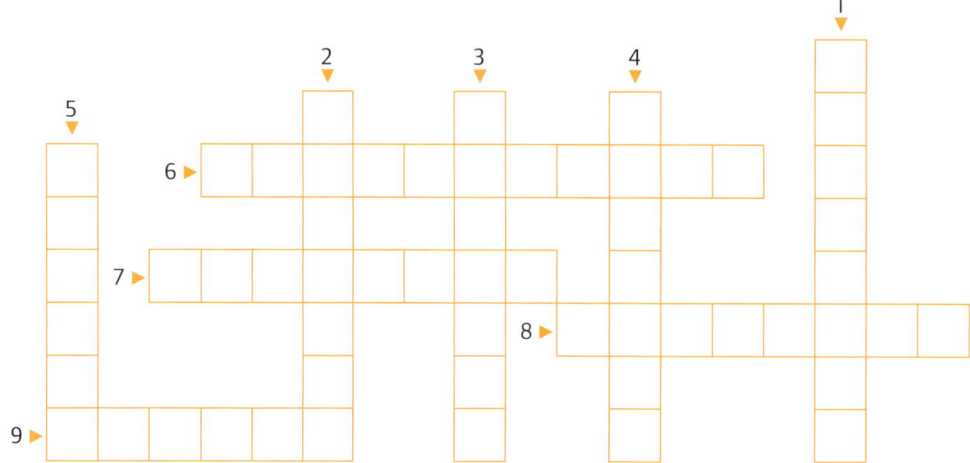

1. falloir, il
2. devoir, vous
3. aller, ils
4. faire, nous
5. avoir, tu
6. venir, elles
7. pouvoir, elle
8. vouloir, je
9. être, vous

**11** Que faut-il faire ? Complétez les phrases avec les verbes au conditionnel.
Was soll man machen? Ergänzen Sie die Sätze mit den Formen des conditionnel.

En classe…

1. … il _____ (falloir) des règles pour tous.

2. Tout le monde _____ (devoir) arriver à l'heure.

3. Comme ça, on _____ (commencer) tout de suite.

4. Vous _____ (profiter) du temps que nous _____ (avoir) ensemble.

5. En plus, tous _____ (faire) leurs devoirs.

6. Ce _____ (être) parfait !

**12** Transformez les phrases. Formulez ces conseils au conditionnel.
Wandeln Sie die Sätze um. Schreiben Sie diese Ratschläge im conditionnel.

1. Fais une pause, tu es fatigué. → Pourquoi ne _____ pas une pause ? Tu es fatigué.

2. Suis Léo, il connaît le chemin. → À ta place, _____ Léo, il connaît le chemin.

3. Tu ne vas pas bien. Reste au lit quelques jours ! → Tu ne vas pas bien. À ta place, _____ au lit quelques jours.

4. Prenez le train, la gare est tout près de chez moi. → _____ prendre le train, la gare est tout près de chez moi.

5. Cherche un autre emploi, ce serait mieux pour toi. → Pourquoi ne _____ pas un autre emploi ? Ce serait mieux pour toi.

6. Fais vite, comme ça tu peux aller chez Marie. → _____ faire vite, comme ça _____ aller chez Marie.

# Communication

**13** Quelles phrases correspondent aux premières données ? Cochez. Il y a plusieurs possibilités.
Welche Sätze entsprechen in ihrer Bedeutung den erstgenannten. Kreuzen Sie an. Es kann mehrere Möglichkeiten geben.

1. Tu vis à ton propre compte.
   - a. ☐ Tu es employé dans une bonne entreprise.
   - b. ☐ Tu travailles comme free-lance.
   - c. ☐ Tu es ton propre chef, tu es indépendant.
   - d. ☐ Tu as un chef tyrannique.

2. Il gagne bien sa vie.
   - a. ☐ Il a un bon salaire.
   - b. ☐ Il vit bien.
   - c. ☐ Il gagne beaucoup d'argent.
   - d. ☐ Il a toujours eu beaucoup d'argent.

3. Elle travaille pour se réaliser.
   - a. ☐ Elle ne se réalise pas au travail.
   - b. ☐ L'important au travail, c'est le plaisir.
   - c. ☐ Elle aime avoir des responsabilités.
   - d. ☐ Elle ne travaille pas pour l'argent.

4. Je suis au chômage.
   - a. ☐ Je travaille trop.
   - b. ☐ Je n'ai pas de travail.
   - c. ☐ J'ai été embauché.
   - d. ☐ Je passe des entretiens d'embauche.

**14** Rédigez un court texte sur votre travail idéal. Utilisez le conditionnel.
Verfassen Sie einen kurzen Text über Ihren Traumjob. Benutzen Sie das conditionnel.

_____
_____
_____
_____
_____

**15** Vous venez d'avoir un entretien d'embauche. Racontez à un ami français comment ça s'est passé.
Sie hatten ein Vorstellungsgespräch. Erzählen Sie einem französischen Freund, wie es gelaufen ist.

– Alors ? Ça s'est bien passé ?

+ *Sie sagen, dass Ihnen ein Kaffee angeboten wurde, und dass der Personalchef dann über seine Firma gesprochen hat.*

_____

– Et puis ?

+ *Sie sagen, dass er sich daraufhin Ihren Lebenslauf angeschaut hat und viele Fragen gestellt hat. Seiner Meinung nach sind Sie die richtige Person für den Job.*

_____

– Super ! Je suis vraiment content pour toi ! Et quand est-ce que tu peux commencer ?

+ *Sie sagen, dass der jetzige Mitarbeiter bald in Rente geht und Sie dann direkt anfangen können zu arbeiten.*

_____

**16** Posez la bonne question.
Stellen Sie die passende Frage.

– _____

+ Je suis ingénieur.

– _____

+ Après le bac, j'ai fait des études d'ingénieur, à Besançon.

– _____

+ Après mes études, je suis parti à l'étranger, aux États-Unis. J'ai travaillé un an dans une petite entreprise…

**17** Écrivez deux textes sur les avantages et inconvénients du travail de Zoé et Luc à l'aide des expressions.
Schreiben Sie mit Hilfe der Ausdrücke zwei Texte über die Vor- und Nachteile der Berufe von Zoé und Luc.

> avoir un poste fixe • décrocher des contrats régulièrement • avoir des collègues sympas • travailler seul(e) •
> être indépendant(e) • avoir un petit salaire • gagner bien sa vie • se réaliser • avoir des horaires stricts •
> avoir des responsabilités • avoir un chef

Zoé, vendeuse dans un supermarché
_____
_____
_____

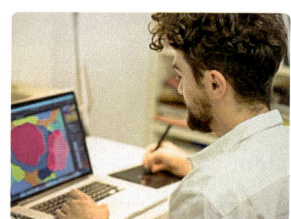

Luc, illustrateur free-lance
_____
_____
_____

**18** Léo a rendez-vous avec une femme et vous demande des conseils. Dites-lui ce que vous feriez à sa place.
Léo plant einen Abend mit einer Frau und bittet Sie um Rat. Sagen Sie ihm, was Sie an seiner Stelle tun würden.

*À ta place, moi, je…*
_____

# Cherche appartement... Unité 7

## Vocabulaire

**1** Trouvez dix-sept mots dans la grille. Écrivez-les ensuite dans la catégorie correspondante.

| A | G | R | E | F | C | U | I | S | I | N | I | È | R | E |
|---|---|---|---|---|---|---|---|---|---|---|---|---|---|---|
| R | F | O | C | L | A | V | A | B | O | É | Q | U | T | I |
| M | A | C | H | I | N | E | À | L | A | V | E | R | A | P |
| O | U | D | A | B | A | I | G | N | O | I | R | E | B | L |
| I | T | F | I | P | P | H | C | S | A | E | S | L | L | A |
| R | E | O | S | T | É | T | A | G | È | R | E | I | E | C |
| E | U | U | E | A | X | D | O | U | C | H | E | T | K | A |
| M | I | R | É | F | R | I | G | É | R | A | T | E | U | R |
| N | L | A | V | E | V | A | I | S | S | E | L | L | E | D |

| meubles | appareils électriques[1] | sanitaires[2] |
|---|---|---|
| | | |

[1] Elektrogeräte    [2] Sanitäranlagen

**2** Complétez les mots croisés, puis l'expression donnée avec les lettres des cases bleues.

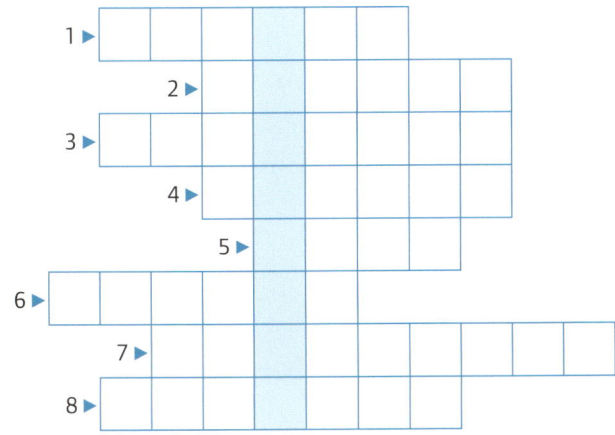

MAISON _____ _____

1. Appartement d'une seule pièce.
2. Avec des meubles.
3. Qui a beaucoup d'espace.
4. Maison typique de montagne.
5. Une chambre pour les invités : une chambre d'…
6. Avec des fleurs.
7. Changer d'appartement, s'installer ailleurs.
8. Le contraire d'ancien.

trente-neuf 39

## Grammaire

**3** Complétez les mots croisés avec les nombres ordinaux.

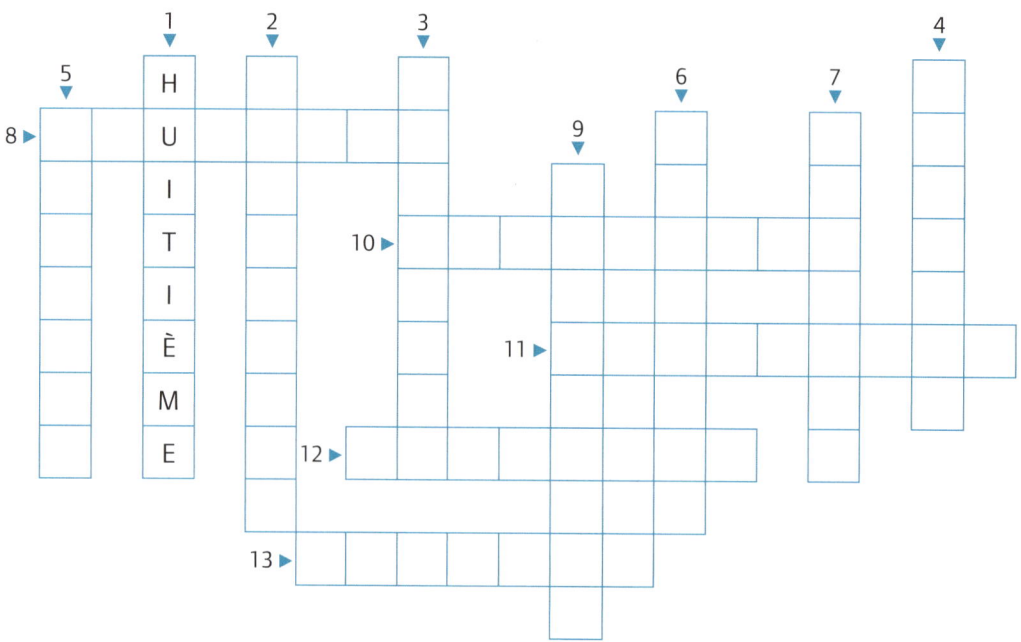

1. **8ᵉ**
2. **20ᵉ**
3. **7ᵉ**
4. **11ᵉ**
5. **10ᵉ**
6. **16ᵉ**
7. **1ᵉʳ**
8. **2ᵉ**
9. **5ᵉ**
10. **3ᵉ**
11. **15ᵉ**
12. **9ᵉ**
13. **6ᵉ**

**4** Reconstruisez les phrases.

1. une / ne / Il / seule / reste / qu' / place / .

   _____

2. viande / mangez / ne / que / de / Vous / la / .

   _____

3. vers / Nous / que / neuf / arrivons / heures / n' .

   _____

4. Je / nuit / que / ne / cinq / ou / dors / par / heures / six / .

   _____

5. arrivée / huitième / est / Elle / n' / que / .

   _____

6. qu' / n' / des / en / Tu / ligne / achètes / vêtements / .

   _____

**Unité 7**

**5** Répondez aux questions. Utilisez **ni… ni…**.

1. Tu as faim ou soif ? _____
2. Tu prends ton chapeau et ton écharpe ? _____
3. Vous achetez des pommes et des oranges ? _____
4. On va au restaurant et ensuite au cinéma ? _____

**6** Écrivez le contraire de ces phrases.

1. Il y a quelqu'un ? _____
2. Vous aimez tout. _____
3. Quelqu'un a appelé. _____
4. Je travaille tout le temps. _____
5. Il a tout mangé. _____
6. Elle rit toujours. _____
7. J'ai vu tout le monde. _____
8. Tu as dit quelque chose. _____

**7** Vous dites toujours **non**. Répondez aux questions.

1. Vous vous levez tôt le matin ?
   _____

2. Vous buvez du café ou du thé pour le petit-déjeuner ?
   _____

3. Vous prenez toujours le métro pour aller au travail ?
   _____

4. À midi, vous mangez quelque chose ?
   _____

5. Aujourd'hui, vous avez encore beaucoup de travail à faire ?
   _____

6. Ce soir, vous retrouvez quelqu'un ?
   _____

7. Et parfois, vous dites « oui » ?
   _____

**8** Répondez à ces questions d'après l'exemple.

1. Vous l'avez dit à quelqu'un ? – <u>Non, nous ne l'avons dit à personne.</u>
2. Quelqu'un le sait ? – Non, _____
3. Tu as aidé quelqu'un ? – Non, _____
4. Il parlait avec quelqu'un ? – Non, _____
5. Tu demandes à quelqu'un ? – Non, _____
6. Éric appelle. Quelqu'un répond ? – Non, _____

**9** Regardez les dessins et complétez les phrases avec les prépositions qui manquent.

1. Voilà Jules Gravigny. C'est le garçon blond _____ ses parents.
2. La maison _____ supermarché, c'est la maison des Gravigny.
3. _____ la maison, il y a un arrêt de bus.
4. Tout _____ la maison se trouvent un supermarché et une boulangerie. C'est pratique.
5. _____ la maison, il y a le jardin. Les Gravigny passent beaucoup de temps _____ leur jardin.
6. La voiture garée _____ la maison est celle de Mme Gravigny qui est rentrée _____ son mari.
7. M. Gravigny travaille souvent _____ à tard le soir et rentre _____ le dîner.
8. Et ici, _____ le lit de Jules, c'est qui ? C'est Minou, le chat des Gravigny.

## Communication

**10** Vous laissez votre appartement à un(e) ami(e) pour un weekend. Vous lui écrivez un mail avec quelques informations. Voici quelques idées.

Où laissez-vous les clés ?
À quoi faut-il faire attention ?
Où peut-il / elle dormir ?
Qu'y a-t-il dans le réfrigérateur ?

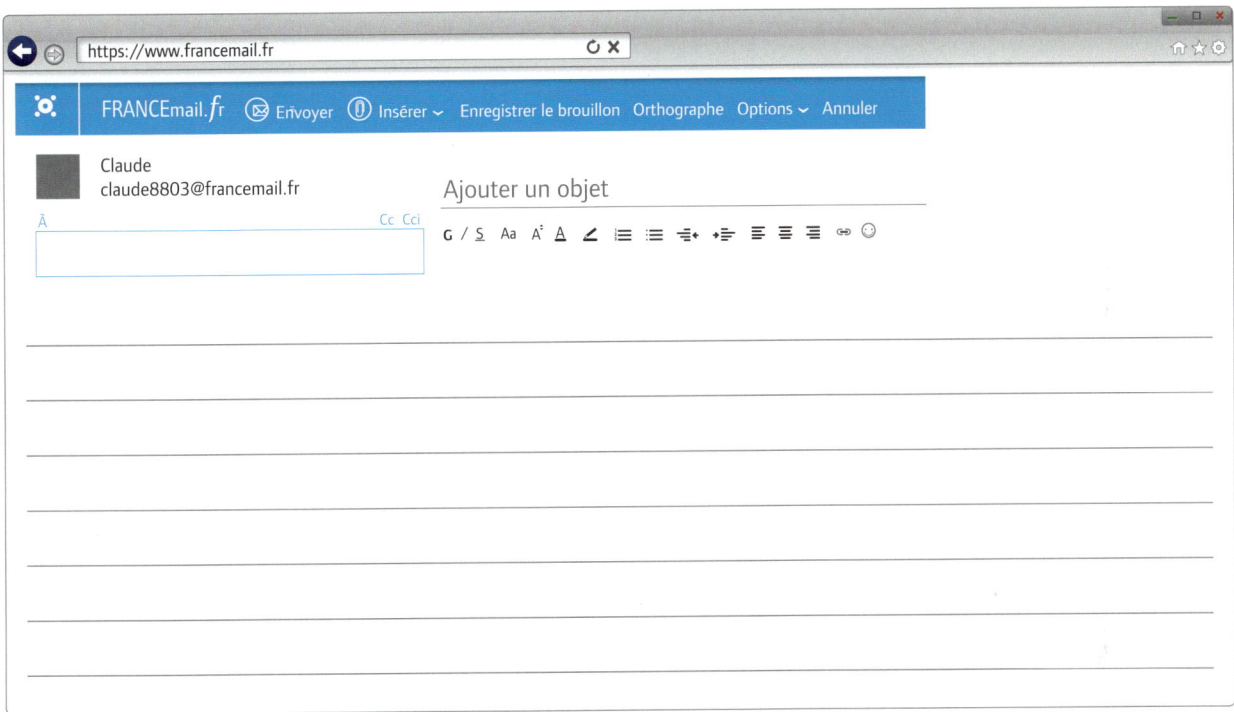

**11** Associez chaque texte à la phrase qui convient.

1. ☐ On aimerait habiter dans un immeuble moderne.
2. ☐ Nous voudrions avoir plus de place.
3. ☐ J'aimerais bien habiter au dernier étage.
4. ☐ Je cherche une location avec une grande terrasse ou un jardin.

a. On va passer des vacances à la mer, mais on n'aime pas aller tous les jours à la plage. On voudrait quand même se reposer, rester tranquilles, mais en extérieur, pas dans la maison.
b. On ne peut pas savoir qui va habiter au-dessus de chez nous, donc il vaut mieux être sûr de n'avoir personne !
c. On a besoin de plusieurs pièces. On est cinq et au bout d'un moment, on veut aussi pouvoir fermer la porte et rester seul et tranquille.
d. On aime bien le confort. Et puis aujourd'hui, avoir un parking et un ascenseur, c'est indispensable ! En plus, j'imagine de grandes fenêtres, des pièces spacieuses et claires…

**12** Vous allez travailler à Paris pendant six mois et vous avez besoin d'un appartement. Vous chattez avec quelqu'un qui loue des appartements. Répondez aux questions.

Pour combien de temps avez-vous besoin d'un appartement ?

_____

Combien de pièces il vous faut ?

_____

Est-ce que vous préférez un immeuble ancien ?

_____

À quel étage aimeriez-vous habiter ?

_____

Un ascenseur, c'est important ?

_____

Désirez-vous avoir un balcon, une terrasse ou un jardin ?

_____

Est-ce que l'appartement doit être meublé ?

_____

Avez-vous d'autres questions ?

_____

# Une île, un monde

## Unité 8

## Vocabulaire

**1** Pour chaque groupe de mots, écrivez le terme général qui convient.

1. l'orchidée • l'arbre fruitier • l'azalée : la __ __ __ __ __
2. la tortue • la baleine • le papillon : la __ __ __ __ __
3. le cyclone • la pluie • le brouillard : le __ __ __ __ __ __
4. le safran • le piment • le poivre : les __ __ __ __ __

**2** Quel est l'intrus ? Rayez-le.

1. mangue • oignon • haricot • lentille
2. volcan • cascade • éruption • magma
3. ethnie • métissage • identité • environnement
4. tropical • lunaire • humide • sec
5. montagnes • plaines • plages • paysages
6. végétation • agriculture • tourisme • industrie

**3** Trouvez dans la grille dix mots pour compléter les expressions données. Puis complétez la phrase avec les lettres qui restent.

| S | E | V | O | I | C | A | U | T | I | O | N |
| E | C | O | N | D | U | C | T | E | U | R | P |
| R | O | U | T | I | È | R | E | B | O | N | L |
| V | K | I | L | O | M | É | T | R | A | G | E |
| I | N | E | C | O | N | D | U | I | R | E | I |
| C | I | D | E | N | T | I | T | É | R | O | N |
| E | U | L | O | C | A | T | I | O | N | T | E |

1. une carte d'_____
2. la _____ de voiture
3. un permis de _____
4. une carte de _____
5. un reçu de dépôt de _____

6. faire le _____
7. une station-_____
8. une carte _____
9. le _____ illimité
10. un _____

AU R_____ R ET _____ _____ _____ _____ !

quarante-cinq 45

## Grammaire

**4** Reliez les questions aux réponses.

1. Tu préfères quel pull ?
2. Quelle est ta voiture ?
3. Quelles chaussures est-ce que tu mets ?
4. Quels sont les livres de Marthe ?

a. – Ceux-ci.
b. – Celui-ci.
c. – Celles-là.
d. – Celle-ci.

**5** Complétez les deux dialogues avec celui, celle, ceux ou celles.

1. – Regarde cette robe dans la vitrine ! Elle est magnifique !

   + _____-ci ? En noir ?

   – Non, _____ qui est plus serrée.

   + Je ne sais pas, regarde plutôt ce pantalon ! Qu'est-ce que tu en penses ?

   – _____-ci ? L'élégant ?

   + Oui, pour aller au bureau, il est parfait. On entre ?

2. – Bonjour, je cherche un pull.

   + Vous avez une idée du modèle ?

   – Oui, _____ en vitrine n'est pas mal.

   + Le marron ou _____ sous la veste, vieux rose ?

   – Le marron, mais si vous avez d'autres modèles aussi… J'aime bien _____ plutôt larges.

   + Bien sûr, regardez…

**6** Répondez aux questions. Utilisez celui, celle, ceux ou celles que.

1. Tu aimes bien cette musique ? (préférer)

   – Oui, c'est _____

2. Je peux mettre ce pantalon aujourd'hui ? (porter demain au mariage)

   – Non, c'est _____

3. Vous regardez toujours cette émission sportive ? (regarder toutes les semaines)

   – Oui, c'est _____

4. Tu as déjà lu ce roman ? (relire volontiers)

   – Oui, c'est _____

5. Vous avez regardé ces photos ? (devoir encore regarder)

   – Non, c'est _____

**Unité 8**

**7  Quelle question a été posée ?**

1. ____ – Celles-là.
   a. Vos valises sont là-bas ?
   b. Quelles sont vos valises ?
   c. Quelle est ta valise ?

2. ____ – Celui-là.
   a. C'est un DVD ?
   b. Quel DVD prends-tu ?
   c. Tu prends un DVD ?

3. ____ – Celle que tu aimes.
   a. Quelles jupes achètes-tu ?
   b. Tu mets la jupe rouge ?
   c. Tu mets quelle jupe ?

4. ____ – Celui-ci.
   a. Le sac est-il élégant ?
   b. Quel est le sac de Cécile ?
   c. Quels sacs prend Cécile ?

5. ____ – Ceux-là.
   a. Quels sont tes livres ?
   b. Ce sont tes livres ?
   c. Quel est ton livre ?

6. ____ – Celles que je préfère.
   a. Quel collier tu vas mettre ?
   b. Quelles boucles d'oreille vas-tu mettre ?
   c. Tu préfères quels bijoux ?

**8  Formez autant de questions que possible.**

Qui
Qu'est-ce qui
Qu'est-ce que
Qu'est-ce qu'

vous intéresse ?
vous a montré la ville ?
tu prends ?
il préfère ?
il faut voir ici ?
vient se promener dans le centre-ville ?
vous avez visité ?
t'a plu le plus ?
s'est passé ?

**9  Posez la question qui convient avec qu'est-ce qui ou qu'est-ce que / qu'.**

1. _____
   J'aime les randonnées dans les Alpes, les hautes montagnes, la nature…

2. _____
   Ici, c'est ma famille qui me manque.

3. _____
   Nous voudrions bien visiter la ville.

4. _____
   Je suis tombé, je ne sais pas vraiment comment.

5. _____
   Rien, tout va bien.

6. _____
   Elle m'a dit qu'elle est en retard.

## Communication

**10** Décrivez le département de Mayotte. Utilisez les informations de la carte d'identité pour écrire un texte.

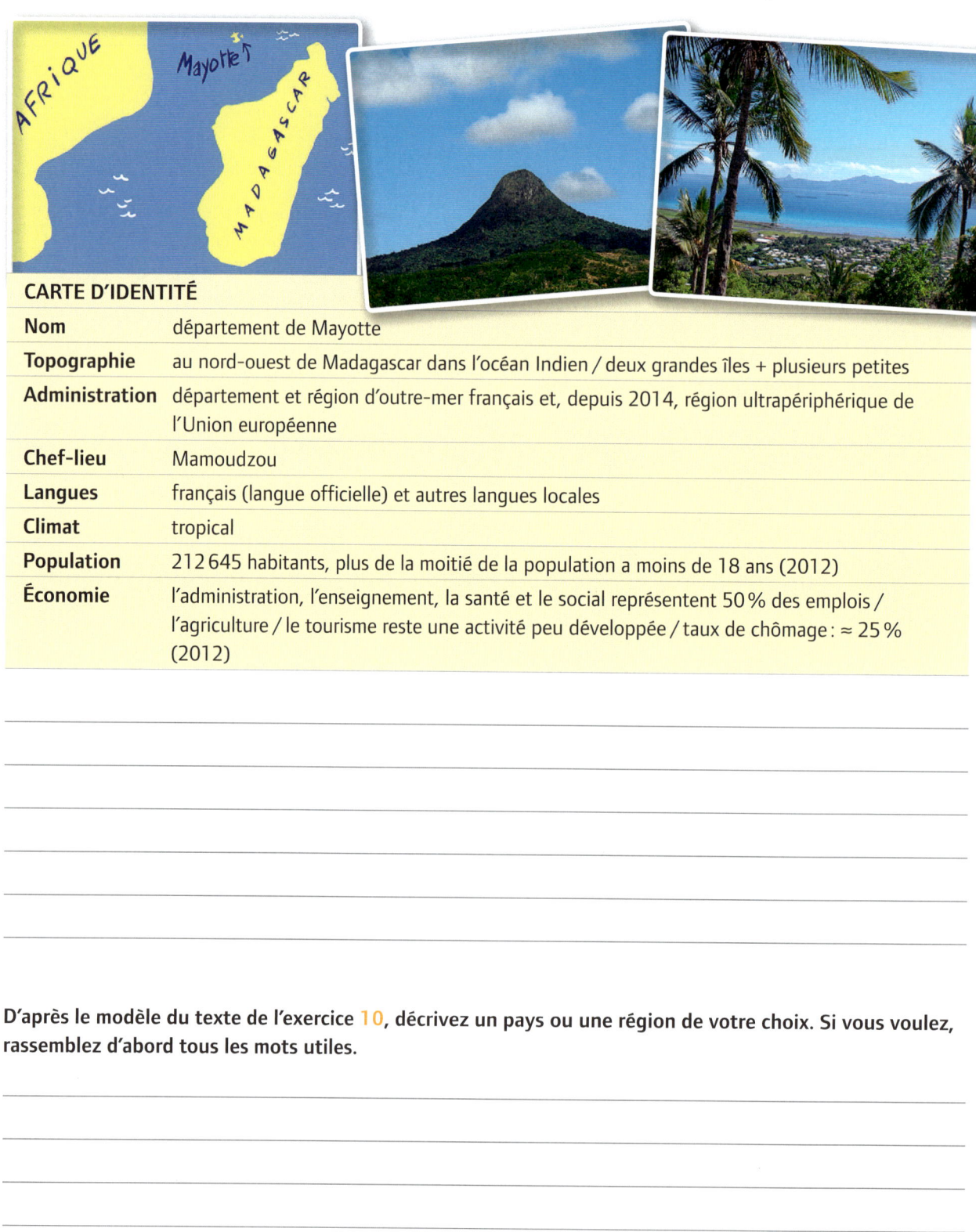

| CARTE D'IDENTITÉ | |
|---|---|
| **Nom** | département de Mayotte |
| **Topographie** | au nord-ouest de Madagascar dans l'océan Indien / deux grandes îles + plusieurs petites |
| **Administration** | département et région d'outre-mer français et, depuis 2014, région ultrapériphérique de l'Union européenne |
| **Chef-lieu** | Mamoudzou |
| **Langues** | français (langue officielle) et autres langues locales |
| **Climat** | tropical |
| **Population** | 212 645 habitants, plus de la moitié de la population a moins de 18 ans (2012) |
| **Économie** | l'administration, l'enseignement, la santé et le social représentent 50 % des emplois / l'agriculture / le tourisme reste une activité peu développée / taux de chômage : ≈ 25 % (2012) |

**11** D'après le modèle du texte de l'exercice 10, décrivez un pays ou une région de votre choix. Si vous voulez, rassemblez d'abord tous les mots utiles.

## 12  Vous êtes dans un musée et vous vous renseignez à l'accueil. Formulez les questions à poser.

1. _____
   – Le musée reste ouvert jusqu'à 17h30.

2. _____
   – Oui, on organise des visites guidées toutes les heures.

3. _____
   – La visite guidée coûte dix euros par personne.

4. _____
   – Vous pouvez faire des photos, mais sans flash.

5. _____
   – Oui, vous trouvez les catalogues sur l'exposition là-bas, dans la boutique du musée.

6. _____
   – Les toilettes, vous les trouvez là, au fond à gauche.

## 13  Vous louez une voiture. Réagissez d'après les indications données.

– Bonjour Monsieur / Madame, vous avez réservé une voiture ?
+ *Sie haben ein kleines Auto für zehn Tage reserviert.*

– Quel est votre nom ?
+ *Sie heißen Buchmann.*

_____

– Ah oui, Buchmann… Est-ce que je peux avoir votre permis de conduire ?
+ *Sie geben ihn und fragen, ob das Auto die Klimaanlage hat.*

_____

– Bien sûr ! J'aurais besoin de votre carte de crédit aussi.
+ *Sie geben Ihre Kreditkarte und fragen, ob das Auto vollgetankt ist.*

_____

– Oui, Monsieur / Madame. Alors, voilà votre carte, votre permis et le reçu de dépôt de caution. Ici, il y a les papiers de la voiture et enfin la clé.
+ *Sie bedanken sich und fragen, wo das Auto steht.*

_____

– Elle est garée sur le parking, en face de l'agence. Bonnes vacances et bonne route !

# Unité 9 — Qu'est-ce qu'on fête ?

## Vocabulaire

**1** Trouvez le nom des fêtes et complétez ensuite celui d'une autre fête avec les lettres des cases bleues.

1. le 25 décembre :
2. le premier novembre : la
3. un jour en février ou en mars : le
4. un jour en mars ou avril :
5. le premier mai : la fête du…
6. le 6 janvier : l'
7. le 14 juillet : la fête…

le premier janvier : LE N ___ ___ ___ ___ ___  ___ ___

**2** Retrouvez les mots qui se cachent derrière les anagrammes pour compléter les phrases.

1. É S T N A
2. A A E U D C
3. B S G E U I O
4. L L N É R V E I O
5. E N S A V R R A I E I N
6. D' E E X F U A C R I T F I

_____ ! – À la vôtre !
Voilà ! Un _____ pour toi !
Vas-y ! Souffle les _____ !
Tu fais quoi pour le _____ ?
Joyeux _____ ! – Merci.
Que les _____ sont beaux !

**3** Complétez les mots croisés.

**Unité 9**

## Grammaire

**4** Reformulez les phrases. Remplacez ce qui est souligné par un pronom.

1. Achetez cet appartement ! _____
2. Dis à Sylvie d'appeler Charlotte. _____
3. Invitez Isabelle et Jean-Paul. _____
4. Attends Lucie. _____
5. Mets du sucre dans mon café. _____
6. Donne les clés à Juliette. _____
7. Propose à Charles de venir. _____
8. Apporte le dessert. _____

**5** Mettez les nouvelles phrases de l'exercice 4 à la forme négative.

_____

**6** Complétez les mini-dialogues avec les verbes qui manquent à la forme impérative.

1. Vite, _dépêche-toi_, tu dois sortir ! – Oui, je sais, je me dépêche.
2. Je vais appeler Pierre. – Non, _____ maintenant, il est tard.
3. J'achète aussi cette crème solaire, non ? – Oui, _____, on n'en a plus !
4. Les enfants, _____ ! – Mais maman, on est déjà habillés !
5. Je vais chez le boulanger. – Non, _____, j'irai plus tard.
6. Et ton examen ? _____ ! – Tout s'est bien passé, mais je te raconterai plus tard.

**7** Reliez les deux parties pour former des phrases.

1. C'est nous qui…
2. C'est moi qui…
3. Ce sont eux qui…
4. C'est elle qui…
5. C'est toi qui nous…
6. C'est vous qui…

a. as servi un apéritif.
b. vais au supermarché.
c. partons aux États-Unis.
d. faites la cuisine ce soir.
e. aimait le jogging.
f. font tout ce bruit.

**8** Répondez aux questions avec **c'est… qui**.

1. Qui s'est levé le premier aujourd'hui ? – (Julien) _____
2. Qui fait les courses ? – (tu) _____
3. Qui s'occupe des enfants ? – (la grand-mère) _____
4. Qui m'accompagne à la gare ? – (je) _____
5. Qui veut boire un café ? – (nous) _____
6. Qui va au travail à vélo ? – (elles) _____
7. Qui le dit aux autres ? – (vous) _____
8. Qui sort ce soir ? – (ils) _____

**9** Quelles sont les formes au futur ? Entourez-les.

j'irais          j'allais          tu seras          tu irais          nous viendrons
                                          on viendrait
j'arriverais     nous voudrions     elle arrivait                ils arriveront
il avait
                 tu aurais          ils viendront                vous feriez
        nous serions
                                    je serai          on voudra              il va
        nous faisions
                 vous prendrez
                                    elle prendrait              il fera

**10** Complétez les phrases avec les verbes au futur.

1. L'année dernière, pour le carnaval, je me suis déguisé en pirate.
   La prochaine fois, je _____ en chat.
2. Cette année, nous fêtons Pâques chez nos grands-parents. Mais
   l'année prochaine, nous _____ Pâques chez nous.
3. D'habitude, au nouvel an, c'est toi qui ouvres les huîtres. Est-ce que
   tu les _____ cette année encore ?
4. Ils vont au cimetière une fois par semaine. Ils
   _____ sûrement là-bas aussi à la Toussaint.
5. Vous ne pouvez pas chercher les œufs dans le jardin, les enfants,
   il pleut. Vous les _____ dans la maison.
6. Cette année, pour le 14 juillet, on était à l'étranger, mais l'année
   prochaine, on _____ en France.

52 cinquante-deux

## Unité 9

**11** Que feront ces personnes ? Complétez les phrases.

Les Montreux _____     Marie-France _____     Hélène _____

Jacques _____     Les amis de Victor _____     Madame Carlou _____

**12** Fabienne présente son tour du monde. Rédigez le texte.

*Dans deux mois, je commencerai mon tour du monde. D'abord, j'irai…*

## Communication

**13** Complétez les mini-dialogues. Utilisez l'impératif.

1. Qu'est-ce que je peux apporter ? – _____ une bouteille de vin.

2. _____ ton manteau. – Oui, le voilà. Merci.

3. Qu'est-ce que je te sers ? – _____ un verre d'eau.

4. Je te ressers quelque chose ? – Volontiers ! _____ de la viande.

5. C'est pour toi ! _____. – Merci ! Je vais l'ouvrir tout de suite.

6. _____ ! Elle va arriver. – Ben, je m'inquiète parce qu'il est tard.

**14** Que dites-vous en français ?

**15** Vous êtes invité à dîner en France. Comment réagissez-vous ?

1. a. ☐ Vous gardez vos chaussures.
   b. ☐ Vous enlevez vos chaussures.

2. a. ☐ Vous arrivez en avance.
   b. ☐ Vous arrivez à peu près dix minutes en retard.

3. a. ☐ Vous n'apportez rien.
   b. ☐ Vous apportez quelque chose comme des fleurs.

4. a. ☐ Vous mangez dès qu'on vous sert.
   b. ☐ Vous attendez la maîtresse de maison.

5. a. ☐ Vous vous resservez sans demander.
   b. ☐ Vous attendez qu'on vous propose d'être resservi.

6. a. ☐ Vous dites merci.
   b. ☐ Vous ne remerciez pas.

## Unité 9

**16** Reliez chaque question à la réponse correspondante.

1. Tu fais quoi pour la Toussaint ?
2. Le premier mai, qu'est-ce que tu fais ?
3. Tu sortiras le soir du 14 juillet ?
4. Comment tu fêtes Noël ?
5. Qu'est-ce que tu fais à Pâques ?
6. Pour Mardi gras, tu te déguises en quoi ?

a. – Je vais à la campagne avec les enfants. On cherchera du muguet.
b. – On cache des œufs pour les enfants et on mange de l'agneau.
c. – Bien sûr ! On regardera les feux d'artifice !
d. – Je ne sais pas, mais j'ai déjà envie de manger des beignets !
e. – Je vais au cimetière.
f. – On passe le réveillon avec toute la famille et puis après le repas, on ouvre les cadeaux.

**17** Que feront ces personnes ? Formulez deux ou trois phrases pour chaque photo.

*Que ferez-vous pour… ?*

cinquante-cinq 55

# Unité 10 — En forme ?

## Vocabulaire

**1** Quel est l'intrus ? Rayez-le.

1. méditation • massage • yoga • médecine
2. antidépresseur • vitamine • aspirine • antibiotique
3. fièvre • tête • ventre • dos
4. coup de soleil • chagrin d'amour • symptôme • vertige
5. maladie • courbatures • fièvre • nausée
6. sucres • graisses • vitamines • aliments
7. gratter • couler • prescrire • gonfler
8. sirop • crème • plaque • antibiotique

**2** Trouvez douze mots dans la grille et écrivez-les à côté des définitions correspondantes.

| H | A | I | V | E | R | T | I | G | E | S | G | O |
|---|---|---|---|---|---|---|---|---|---|---|---|---|
| Ô | F | C | R | L | A | C | T | O | S | E | O | F |
| P | O | R | D | O | N | N | A | N | C | E | R | I |
| I | D | E | F | F | O | R | T | F | M | L | G | È |
| T | S | V | A | M | P | O | U | L | E | K | E | V |
| A | M | É | D | I | C | A | M | E | N | T | S | R |
| L | P | I | T | A | S | S | U | R | A | N | C | E |

1. Ce sont les sirops, les antibiotiques, les antidépresseurs, etc. : _____
2. Fatigué : _____
3. On en a quand il semble qu'on perde l'équilibre : _____
4. Les médecins et les infirmiers y travaillent : _____
5. Quand elle est à plus de 38,5° C, il faut commencer à s'inquiéter : _____
6. Le médecin y écrit le nom des médicaments à prendre : _____
7. Grossir à cause d'une allergie alimentaire : _____
8. On peut en avoir une sur le pied quand on a de nouvelles chaussures : _____
9. Il est dans le lait et les fromages : _____
10. Normalement, elle rembourse les médicaments : _____
11. On en fait un quand on veut absolument obtenir quelque chose : _____
12. Si elle fait vraiment mal, on perd aussi la voix : _____

## Unité 10

**3** Complétez les expressions avec les parties du corps qui manquent. Puis écrivez les autres parties du corps qu'on voit sur le dessin.

1. faire non de la _____
2. ne pas fermer l'_____ de la nuit
3. mettre le _____ dehors
4. être dur d'_____
5. avoir l'eau à la _____
6. lever les _____
7. avoir la _____ verte
8. montrer du _____
9. parler dans le _____ de quelqu'un
10. se lever du _____ gauche

autres : *genou,* _____

## Grammaire

**4** Écrivez les adverbes correspondants.

1. confortable _____
2. courageux _____
3. actif _____
4. courant _____
5. absolu _____
6. poli _____
7. facile _____
8. indépendant _____
9. impatient _____
10. dangereux _____
11. entier _____
12. énorme _____

**5** Adverbe ou adjectif ? Choisissez ce qui convient.

1. Tu dormais *profond / profondément*. Je ne t'ai pas réveillé
2. Ce n'est pas *difficile / difficilement* ! Tu peux deviner *facile / facilement* !
3. Bruno est un homme *gentil / gentiment*. Tu le connais ?
4. Je suis satisfait de mon hôtel. J'ai une chambre *tranquille / tranquillement*.
5. Les enfants ont *lent / lentement* rangé leur chambre.
6. Il a plu *abondant / abondamment* et maintenant il fait froid.
7. Auguste est *vrai / vraiment* fatigué. Il travaille trop.
8. *Normal / Normalement,* il arrive entre dix heures et dix heures et demie.

**6** Reformulez les phrases. Remplacez l'expression soulignée par l'adverbe qui convient.

1. Sous la douche, il chante avec joie.  Sous la douche, il chante _____.
2. On a choisi en toute liberté.  On a choisi _____.
3. Ils marchaient à pas lents.  Ils marchaient _____.
4. Avec calme, il lui explique encore la règle.  _____, il lui explique encore la règle.
5. Elle regardait son enfant avec amour.  Elle regardait son enfant _____.
6. On lui a dit de manière ouverte ce qu'on pense.  On lui a dit _____ ce qu'on pense.
7. Valentine est habillée avec élégance.  Valentine est habillée _____.
8. Il nous a demandé d'entrer avec gentillesse.  Il nous a demandé d'entrer _____.

**7** Quelle est la forme du subjonctif ? Pensez à la 3ᵉ personne du pluriel du présent de l'indicatif et complétez les mots croisés.

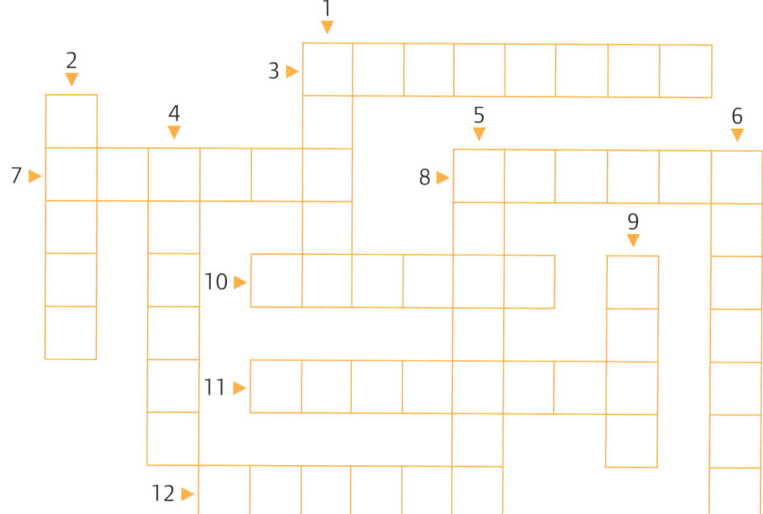

1. faire, je
2. partir, il
3. finir, tu
4. lire, ils
5. prendre, vous
6. entrer, vous
7. aller, tu
8. prendre, elle
9. lire, elle
10. mettre, tu
11. faire, nous
12. aller, vous

**8** Transformez les phrases en utilisant **il faut + subjonctif**.

1. Je dois prendre le train de six heures. *Il faut que je* _____
   _____
2. Tu dois faire les courses. _____
   _____
3. Vous devez mettre la table. _____
4. Ils doivent attendre leur sœur. _____
5. Nous devons partir en vacances. _____
6. Elle doit aller chez le médecin. _____

Unité **10**

**9** Complétez les phrases avec les formes conjuguées des verbes donnés.

1. Il faudrait qu'il _____ (faire) du yoga contre le stress.
2. Il faut que tu _____ (respirer) plus doucement. Reste calme !
3. Il faudra que nous _____ (éviter) les graisses.
4. Il faut que j'_____ (avoir) une alimentation plus saine.
5. Il faudrait que vous _____ (éliminer) le lactose de votre alimentation.
6. Il faut qu'elles _____ (aller) chez un nutritionniste.

**10** Reformulez les phrases.

1. Tu dois travailler moins, autrement tu seras toujours stressé.

   Si tu ne travailles pas moins, _____

2. Vous devez manger sainement, autrement vous aurez des problèmes de santé.

   Si vous ne mangez pas sainement, _____

3. Elle doit se faire masser, autrement elle continuera à avoir mal au dos.

   Si _____

4. Tu dois prendre des médicaments, autrement tu ne guériras pas.

   Si _____

5. Il doit éviter certains aliments, autrement il aura des allergies.

   _____

6. Nous devons faire un effort, autrement nous n'arriverons jamais à rien.

   _____

## Communication

**11** Choisissez la bonne réponse.

1. Tu manges sainement ?
   - a. ◯ Oui, j'ai une alimentation variée.
   - b. ◯ Oui, je ne suis pas malade.

2. Est-ce que tu manges beaucoup de fruits et légumes ?
   - a. ◯ Je bois des boissons ultra vitaminées.
   - b. ◯ Oui, j'aime presque tous les légumes et j'adore les fruits.

3. Et est-ce que tu manges des produits sucrés ?
   - a. ◯ Non, je mange des glaces et des gâteaux.
   - b. ◯ J'essaie de les éviter.

4. Est-ce que tu as des allergies ?
   - a. ◯ Je ne suis pas allergique aux fraises.
   - b. ◯ Malheureusement, aux noix.

cinquante-neuf **59**

**12** Vivre mieux ? Donnez des conseils à un(e) ami(e).
Les photos et les mots peuvent vous aider.

> médicaments • fruits et légumes •
> sport • rire • centre de bien-être • …

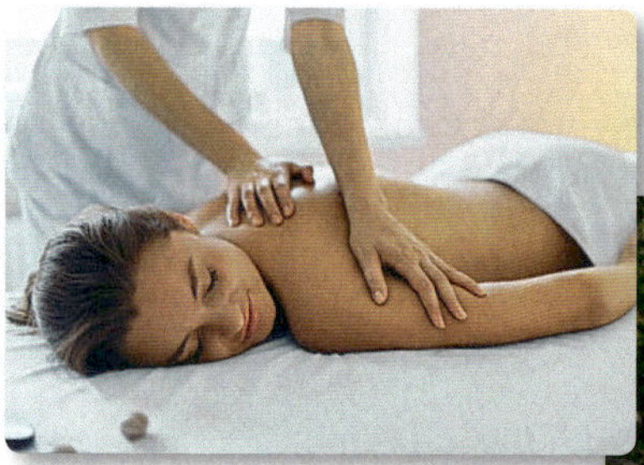

Pour te sentir bien, …

_____
_____
_____
_____

**13** Décrivez le dessin. Écrivez une phrase pour chaque personnage.

1. _____
2. _____
3. _____
4. _____
5. _____
6. _____

**Unité 10**

**14** Vous retrouvez une amie française qui est fatiguée. Que lui dites-vous ?

– *Sie sagen, sie sieht müde aus.*

_____

+ Oui, je suis fatiguée, je ne me sens pas très bien depuis quelques jours.

– *Sie fragen, ob sie gut schläft.*

_____

+ Oui, oui.

– *Sie fragen, ob es bei der Arbeit alles in Ordnung ist.*

_____

+ Oui, tout va bien.

– *Sie fragen, ob ihr irgendetwas wehtut.*

_____

+ Non, je suis juste un peu fatiguée.

– *Sie raten ihr, einen Arzt aufzusuchen.*

_____

+ Oui, c'est déjà fait. J'attends un enfant !

**15** Vous vous trouvez dans une des situations suivantes. Comment vous sentez-vous ? Quelles douleurs avez-vous ? Rédigez un petit texte.

> Vous avez trop bu. • Vous avez trop mangé. • Vous avez trop travaillé. •
> Vous avez aidé des amis à déménager. • Vous êtes resté(e) dehors et il faisait froid.

_____

_____

_____

**16** Conseillez quelqu'un. Dites-le autrement. Utilisez **il faut, il faudrait** ou **il faudra**.

1. Respirez doucement ! _____

2. Dors suffisamment ! _____

3. Évitez les aliments sucrés. _____

4. Va chez le médecin. _____

5. Prends ces médicaments. _____

6. Faites un effort. _____

soixante et un **61**

# Unité 11 Ça roule ?

## Vocabulaire

**1** Classez les mots dans les bonnes catégories.

> autoroute • voie • changement • péage • panne • moteur • rouler • pneu • vol • doubler • klaxon • coffre • correspondance • couchette • compartiment • couloir • aéroport

| voiture | avion | train |
|---------|-------|-------|
| | | |
| | | |
| | | |
| | | |
| | | |
| | | |

**2** Formez les expressions correctes.

1. faire
2. tomber
3. faire une pause
4. appeler
5. vérifier la pression
6. faire
7. respecter
8. s'arrêter

a. le dépanneur
b. des pneus
c. les limitations de vitesse
d. sur une aire de pique-nique
e. le plein
f. en panne
g. sur la bande d'arrêt d'urgence
h. du stop

**3** Trouvez dans la grille huit mots autour du thème de la « voiture ». Complétez le mot en-dessous de la grille avec les lettres qui restent.

| G | A | T | T | E | F | F | P |
|---|---|---|---|---|---|---|---|
| P | C | O | F | F | R | E | O |
| S | R | M | O | T | E | U | R |
| P | N | E | U | I | I | X | T |
| K | L | A | X | O | N | E | E |

LA B_____

62 soixante-deux

# Unité 11

## Grammaire

**4** Que viennent-ils de faire ? Formez des phrases avec **venir de** + **infinitif**.

1. tu / réparer ton vélo _____
2. je / faire contrôler notre voiture _____
3. les Dano / terminer de dîner _____
4. vous / rentrer à la maison _____
5. Nadine / téléphoner à sa mère _____
6. nous / regarder les photos des vacances _____

**5** Retrouvez dans la chaîne de mots toutes les formes des verbes **être** et **avoir** au subjonctif. Complétez ensuite les conjugaisons.

soyonsaiesoissoyezaitaiesayezsoissoientayonsaientsoit

| être |
|---|
| que j' _____ |
| que tu _____ |
| qu'il / elle / on _____ |
| que nous _____ |
| que vous _____ |
| qu'ils / elles _____ |

| avoir |
|---|
| que je _____ |
| que tu _____ |
| qu'il / elle / on _____ |
| que nous _____ |
| que vous _____ |
| qu'ils / elles _____ |

**6** Complétez les phrases avec les verbes entre parenthèses au subjonctif.

1. J'aimerais qu'il _____ (être) ici avec moi.
2. Vous regrettez qu'elle _____ (partir) ce soir.
3. Jean-Paul ne veut pas que sa fille _____ (sortir) avec Vincent.
4. C'est dommage que tu n'_____ (avoir) pas envie de venir.
5. Ils voudraient que je les _____ (aider) à réparer leur voiture.
6. Vous aimeriez que je _____ (finir) tout de suite, mais c'est impossible.
7. C'est dommage que vous n'_____ (avoir) pas faim, j'ai cuisiné pour vous.
8. Nous ne voudrions pas que tu _____ (prendre) le train tout seul si tard.

soixante-trois 63

**7** Subjonctif ou indicatif ? Choisissez la forme qui convient.

1. Nous aimerions qu'il *a / ait* son permis de conduire le plus tôt possible.
2. Tu regrettes que je *sois / suis* en retard.
3. Il ne veut pas que nous *partons / partions* trop tard ce soir.
4. Je voudrais que tu *fais / fasses* un contrôle de la voiture avant de partir.
5. Nous espérons qu'il *soit / est* content de sa nouvelle voiture.
6. C'est dommage que vous *rentrez / rentriez* déjà chez vous.
7. Elle m'a dit que tu *es / sois* en panne.
8. Je trouve que ces billets de train *sont / soient* trop chers.

**8** Lisez la description de la situation et formulez la question avec **si** et les mots donnés.

1. Vous n'avez plus d'essence. → s'arrêter sur le bas-côté

   *Et si vous* 

2. Les pneus ne sont pas assez gonflés. → faire contrôler la pression des pneus

   *Et si on* 

3. Tu roules trop vite. → respecter les limitations de vitesse

4. Il t'a doublé et tu dois garder la distance de sécurité. → ralentir

5. Vous êtes tombés en panne. → appeler un dépanneur

6. Tu ne peux pas partir demain. → échanger ton billet

## Communication

**9** Reliez les phrases de gauche aux réactions de droite.

1. Attention, péage ! Choisis la bonne file !
2. Il vient de me doubler.
3. Je dois faire un long trajet.
4. Ralentis !
5. On roule depuis deux heures.
6. Je ne sais plus où aller.
7. On n'a plus d'essence.
8. On est en panne.

a. Il faudrait faire une pause.
b. Le GPS ne fonctionne pas.
c. Il y a une station-service près d'ici ?
d. Garde la distance de sécurité. Ralentis !
e. Il faudrait qu'on appelle un dépanneur.
f. On paye en espèces ou par carte bancaire ?
g. Sur les autoroutes la vitesse est limitée à 130 km/h.
h. Avant, il vaut mieux faire un contrôle technique de la voiture.

**Unité 11**

**10** Que dites-vous dans les situations suivantes ? Regardez les dessins et écrivez une phrase pour chacun.

**11** Vous êtes à la gare et vous achetez un billet de train. Complétez le dialogue d'après les indications.

− *Sie möchten eine Fahrkarte nach Straßburg kaufen.*

\+ Un aller-retour ou un aller simple ?

− *Sie benötigen eine einfache Fahrt und fragen, um wie viel Uhr der nächste Zug fährt.*

\+ Il part à 16 h 15. C'est bientôt !

− *Sie fragen, wann der Zug in Straßburg ankommt.*

\+ À 17 h 38.

− *Sie fragen, ob der Zug direkt ist oder ob Sie umsteigen müssen.*

\+ Le train de 16 h 15 est direct. Vous désirez une place en seconde classe ?

− *Sie möchten 1. Klasse fahren und am Fenster sitzen.*

\+ Bien sûr, Monsieur. Vous avez une carte de réduction ?

− *Sie sagen, dass Sie keine haben.*

\+ Alors, ça fait 39,20 euros. Il faut que vous vous dépêchiez : le train part dans quelques minutes !

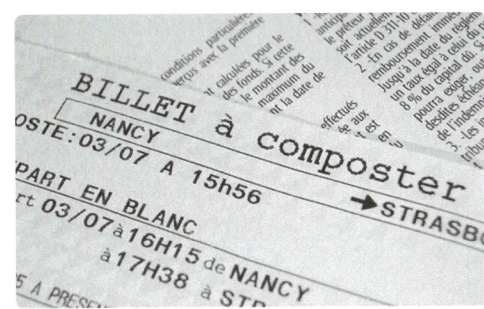

soixante-cinq 65

**12** Regardez les dessins et faites des propositions. Formulez vos phrases avec **si**.

> Qu'est-ce qu'on fait ce weekend ? Je n'ai pas envie de rester ici.

> Tu veux partir en voiture !? Je n'ai pas envie de conduire pendant des heures.

> En train !? Je ne veux pas changer et attendre les correspondances.

rendre visite / Éléonore

partir / train

prendre / train direct

> Il y a toujours quelqu'un qui ronfle.

> Nous ne pourrions pas bien dormir.

> Quand même, il faut passer toute la journée dans le train.

rester / à la maison

prendre / compartiment-couchette

voyager / de nuit

*Alors,*

**13** Que dites-vous dans ces situations ? Choisissez la réaction adéquate.

1. Vous êtes en panne.
   a. ☐ Il faut qu'on appelle un dépanneur.
   b. ☐ Je voudrais qu'on appelle un dépanneur.
   c. ☐ J'espère qu'on appelle un dépanneur.

2. Pour vous, partir vers 18 h c'est trop tard.
   a. ☐ J'aimerais bien qu'on prenne un train plus tôt.
   b. ☐ C'est dommage qu'on prenne un train plus tôt.
   c. ☐ J'espère qu'on prend un train plus tôt.

3. Votre train est en retard.
   a. ☐ Je suis désolé pour le retard.
   b. ☐ Je ne voudrais pas que le train soit en retard.
   c. ☐ Je regrette que le train soit en retard.

4. Vous désirez partir en avion.
   a. ☐ J'espère qu'on part en avion.
   b. ☐ Je voudrais partir en avion.
   c. ☐ J'aimerais que vous partiez en avion.

5. Vous voulez sortir, votre ami(e) n'a pas envie.
   a. ☐ J'espère que tu as envie.
   b. ☐ C'est dommage que tu n'aies pas envie.
   c. ☐ J'aimerais que tu sortes.

6. Votre billet n'est pas remboursable.
   a. ☐ J'espère qu'il est remboursable.
   b. ☐ J'aimerais qu'il soit remboursable.
   c. ☐ Dommage qu'il ne soit pas remboursable.

# Y a pas d'âge...

## Unité 12

### Vocabulaire

**1** Trouvez dans la grille dix mots autour du thème « technologie ». Complétez l'expression donnée avec les lettres qui restent.

| É | N | S | O | R | D | I | N | A | T | E | U | R |
|---|---|---|---|---|---|---|---|---|---|---|---|---|
| C | C | K | U | M | L | O | G | I | C | I | E | L |
| R | Â | Y | T | A | B | L | E | T | T | E | É | I |
| A | B | P | R | O | F | I | L | R | I | Q | U | G |
| N | L | E | E | C | O | N | N | E | X | I | O | N |
| P | E | R | C | H | E | À | S | E | L | F | I | E |

UN APPAREIL PHOTO __ __ __ __ __ __ __ __ __ __ __ __

**2** Quels verbes et quels substantifs vont ensemble ? Reliez-les. Il y a plusieurs possibilités.

1. télécharger
2. consulter
3. chatter sur          a. Internet
4. envoyer              b. un signal
5. ouvrir               c. des mails
6. imprimer             d. une photo
7. retoucher            e. un mot
8. cliquer sur          f. le téléphone
9. capter
10. raccrocher

**3** Classez les mots et expressions donnés ci-dessous dans la catégorie qui convient.

> la cohabitation • la vieillesse • la colocation • senior • le troisième âge • familial • cohabiter • le respect • intergénérationnel • parental • la maison de retraite • le loyer

| personnes âgées | habitation | relations |
|---|---|---|
| | | |
| | | |
| | | |
| | | |

## Grammaire

**4** Retrouvez l'ordre des mots. Chaque phrase est composée d'une phrase principale et d'une subordonnée.

1. Si / tu / emploi / réalisais, / te / tu / ne / pas / un / chercherais / nouvel / .

2. Sylvie / étudiante / avait / Si / pièce / elle / une / l' / offrirait / une / à / supplémentaire, / .

3. vacances, / laisserions / chat / en / Si / partions / nous / nous / vous / notre / .

4. dînerait / on / S' / maintenant, / tous / il / arrivait / ensemble / .

5. Wi-Fi, / Si / j' / mails / avais / le / pourrais / consulter / je / mes / .

6. des / occupais / ferais / tu / t' / enfants, / je / ménage / Si / le / .

**5** Imparfait ou conditionnel ? Complétez les phrases.

1. Si j'_____ ingénieur, j'_____ un bon emploi.
2. Si j'_____ un bon emploi, je _____ plus d'argent.
3. Si je _____ plus d'argent, je _____ en vacances.
4. Si je _____ en vacances, je _____ de nouveaux pays.
5. Si je _____ de nouveaux pays, je _____ de nouvelles cultures.
6. Si je _____ de nouvelles cultures, j'_____ à être plus tolérant.

**6** Cochez la bonne phrase.

1. Bruno n'a pas le temps, mais…
   a. ⬜ si Bruno avait le temps, il s'inscrirait à un cours d'allemand.
   b. ⬜ si Bruno a le temps, il s'inscrira à un cours d'allemand.

2. Tu as un travail, mais…
   a. ⬜ si tu n'as pas de travail, tu peux encore habiter chez tes parents.
   b. ⬜ si tu n'avais pas de travail, tu pourrais encore habiter chez tes parents.

3. Je suis vieux et je n'ai personne qui peut s'occuper de moi, mais…
   a. ⬜ si je devais entrer dans une maison de retraite, je refuserais.
   b. ⬜ si je dois entrer dans une maison de retraite, je refuse.

4. Elle ne va pas appeler, mais…
   a. ⬜ si elle m'appelle, je lui dirai la vérité.
   b. ⬜ si elle m'appelait, je lui dirais la vérité.

**Unité 12**

**7** Complétez le texte avec les mots donnés.

> De plus • En conclusion • Ensuite • Tout d'abord • Parallèlement à cela • En effet • Enfin • Par ailleurs

Je vous présente les résultats de ma recherche sur les colocations intergénérationnelles. _____, il faut dire que les personnes âgées se sentent moins seules. _____, elles se sentent utiles car elles offrent de petits services. _____, elles retrouvent un rôle social. _____, les jeunes mettent de l'ambiance dans la maison. _____, ils discutent avec leurs colocataires, les personnes âgées. _____ ils aident à faire le ménage. _____, ils font souvent un planning pour partager les tâches quotidiennes : cuisine, courses, etc. _____, il s'agit d'expériences de vie commune bien réussies.

## Communication

**8** Regardez les dessins et décrivez les personnages.

1. *Marie-Louise est encore très dynamique. Elle…*

2. *Violaine cohabite depuis quelques mois avec Flavie. Elle…*

**9** Complétez les phrases suivantes. Comment et pourquoi utilisez-vous l'ordinateur, la tablette, etc.? Combien de temps passez-vous par exemple sur Facebook ou sur Internet?

J'ai le Wi-Fi _____

Pour moi, Internet _____

J'utilise les réseaux sociaux _____

Je suis sur Facebook _____

Je ne suis pas sur Facebook, mais _____

**10** Que peut-on faire sur Internet? Lisez et complétez la liste. Dans quelles situations vous servez-vous d'Internet? Et d'un autre média?

> lire le journal en ligne • réserver des billets / un hôtel / etc. • écrire un blog • chercher un emploi •
> acheter des livres / des CD / etc. • chatter • chercher des informations • télécharger de la musique • …

_____
_____
_____
_____

**11** Pourquoi ces personnes utilisent-elles Internet? Écrivez un petit texte pour chaque dessin.

**Unité 12**

**12** Quel média utilisez-vous si… ? Expliquer votre choix.

– vous voulez savoir qui a gagné les élections ;
– vous voulez regarder les prévisions météo ;
– vous cherchez ce que Marguerite Yourcenar a écrit ;
– vous voulez connaître les résultats de la Formule 1.

**13** Quel est le problème de ces personnes ? Écrivez une phrase pour chacune d'elles.

_____
_____
_____

**14** Sur la base de l'affirmation ci-dessous, rédigez un texte dans lequel vous présentez votre opinion. Donnez des arguments pour et contre, et expliquez vos motivations.

On ne pourrait plus vivre sans ordinateur, tablette numérique et smartphone. Plusieurs raisons expliquent cela :

tout d'abord, _____
_____.

Ensuite, _____
_____.

Enfin, _____
_____.

De plus, _____
_____.

Par ailleurs, _____
_____.

En conclusion, _____
_____.

soixante et onze 71

# Lösungen

## Unité 1

**1** *Lösungsvorschlag:* mer – soleil – plage – sable – vacances – été – chaud – lunettes de soleil – maillot de bain – …

**2** 2.

**3** 1. lever – 2. retard – 3. blues – 4. tard – 5. strict – 6. rentrer

**4** 1. b, e – 2. d, h – 3. a, g – 4. c, f

**5** 1. partis – 2. décidé – 3. amusée – 4. réservé – 5. maquillées – 6. recommencé – 7. arrivés – 8. reposé

**6** 1. Ils se sont reposés au bord de la piscine. – 2. Je me suis maquillée pour le travail. – 3. Julie s'est levée très tôt. – 4. Elles se sont occupées de leur petite sœur. – 5. Mon chéri, tu t'es bien amusé avec tes amis ? – 6. Marc et moi nous sommes promenés dans le parc, pendant la pause de midi.

**7** 1. Ils ne se sont pas reposés… – 2. Je ne me suis pas maquillée… – 3. Julie ne s'est pas levée… – 4. Elles ne se sont pas occupées… – 5. Mon chéri, tu ne t'es pas bien amusé… – 6. Marc et moi ne nous sommes pas promenés…

**8 a** je vois – tu vois – il / elle / on voit – nous voyons – vous voyez – ils / elles voient

**8 b** prévoir – entrevoir – revoir

**9** *Lösungsvorschlag:* La semaine dernière, je suis sortie avec Emmanuel. Il est venu me chercher en voiture. Nous sommes allés dîner dans un restaurant assez chic avec une jolie terrasse et vue sur mer. On a bien mangé et nous avons beaucoup parlé. On a bien rigolé. À un moment, Emmanuel m'a demandé de l'épouser. J'ai été surprise, mais j'ai répondu « oui » tout de suite !

**10** *Lösungsvorschlag:* Hier, Frédéric s'est levé à midi. Vers 12 h 30, il s'est fait un café. Après le petit-déjeuner, il s'est douché et avant de s'habiller, il a appelé une amie, Sophie. Dans l'après-midi, il a retrouvé Sophie à un café. Ensuite, ils sont allés se promener dans un parc. Le soir, ils ont mangé au restaurant et puis ils sont rentrés. Frédéric s'est couché à minuit.

**11** 1. b – 2. c

**12** 1. d – 2. b – 3. e – 4. f – 5. a – 6. c

**13** Salut mon chéri ! Ça te dit d'aller au cinéma ce soir ? – Ce n'est pas grave. – Ne te fais pas de soucis. – Si je peux t'aider, c'est volontiers.

## Unité 2

**1** *Lösungsvorschlag:*
vêtements : pull, jean, pantalon, jupe, tee-shirt, …
chaussures : chaussures de marche, baskets, …
accessoires : sac, chapeau, lunettes de soleil, …

**2** 1. un costume – 2. des chaussures à talon – 3. une chemise – 4. un imperméable – 5. des boucles d'oreille – 6. un collier – 7. des bottes – 8. une écharpe – 9. un tailleur

**3** 1. c – 2. b – 3. e – 4. f – 5. d – 6. a

**4** 1. nous ne la connaissons pas. / je ne la connais pas. – 2. je ne le vois pas. – 3. ils ne nous invitent / m'invitent pas. – 4. je ne les achète pas sur Internet. – 5. on ne l'organise pas / plus (avec lui). – 6. je ne t'appelle pas demain. – 7. je ne vous écris pas. – 8. il ne m'aide pas.

**5** 2. Ne passe pas – 3. Ferme – 4. Ne joue pas – 5. Ne mange pas – 6. Rentre

**6** tu : Fais attention ! – Viens ici ! – Prends une veste ! – Pars tout de suite ! – Attends deux minutes ! – Lis ce mail !
vous : Faites attention ! – Venez ici ! – Prenez une veste ! – Partez tout de suite ! – Attendez deux minutes ! – Lisez ce mail !

**7** tu : Ne fais pas attention ! – Ne viens pas ici ! – Ne prends pas de veste ! – Ne pars pas tout de suite ! – N'attends pas deux minutes ! – Ne lis pas ce mail !
vous : Ne faites pas attention ! – Ne venez pas ici ! – Ne prenez pas de veste ! – Ne partez pas tout de suite ! – N'attendez pas deux minutes ! – Ne lisez pas ce mail !

**8** 1. Va chez le dentiste ! – 2. Écrivez aux grands-parents ! – 3. Achète du pain ! – 4. Ne mange pas trop de chocolat ! – 5. Appelle Louis ! – 6. Ne descendez pas ici !

**9** *Lösungsvorschlag:* 1. Marie est plus petite que Pierre. – 2. Marie est moins bronzée que Stéphanie. – 3. Stéphanie est plus grande que Pierre. – 4. Pierre est plus grand que Maurice. – 5. Maurice est moins grand que Stéphanie. – 6. Maurice est moins bronzé que Marie.

**10** *Lösungsvorschlag:* 1. L'appartement des Nardin est plus grand que l'appartement des Monreux. – 2. Lyon est une ville aussi belle que Bordeaux. – 3. La vie dans une grande ville est plus stressante que la vie à la campagne. – 4. Le supermarché est plus pratique que les petits magasins. – 5. Les hôtels à Paris sont aussi chers que les B & B. – 6. Sylvain est plus gentil qu'Arthur.

**11** 1. ces ; cette ; cette – 2. Ce ; cette – 3. Ces ; ces – 4. Ces ; ce – 5. ce ; cette – 6. cet ; Cette

**12** *Lösungsvorschlag:* Je suis assez grande. J'ai les cheveux blonds, longs et frisés. Mes yeux sont bleus. Je porte des lunettes et des vêtements décontractés : un jean, un pull et des baskets, voilà ce que j'aime !

**13** *Lösungsvorschlag:* 1. Il est sportif, il aime la nature et les chiens. Il fait du jogging et donc il porte un tee-shirt, un short et des baskets. – 2. C'est une personne moins sportive : elle préfère travailler dans son jardin. Elle porte un jean, un tee-shirt et un chapeau. – 3. Ces personnes sont plus élégantes. L'homme porte un costume, une chemise et une cravate. La femme porte un tailleur avec une veste et un pantalon.

**14** *Lösungsvorschlag:* La maison de gauche est une vieille maison, un peu petite mais sur trois étages, elle se trouve dans le centre d'un village, dans une rue tranquille. La maison de droite est une nouvelle maison de style moderne. Elle est grande, claire et confortable. Elle est aussi très chère, même si elle n'est pas près du centre-ville.

**15** 1. a ; c – 2. a ; c – 3. b ; c – 4. b ; c – 5. b ; c – 6. a ; c

## Unité 3

**1** 1. l'argent – 2. la démission – 3. le concours – 4. l'écrivain – 5. étudier – 6. la bibliothèque

**2** *waagerecht:* tout le temps, autrefois, d'habitude, tout à coup, souvent, tous les jours
*senkrecht:* toujours, avant, après, puis, alors, un jour
*(meistens) mit imparfait:* tout le temps, autrefois, d'habitude, souvent, tous les jours, toujours, avant
*(meistens) mit passé composé:* tout à coup, après, puis, alors, un jour

**3** 1. vivez – 2. vis – 3. vit – 4. vécu – 5. vivent – 6. vis – 7. vivons

**4** avoir : j'avais – tu avais – il / elle / on avait – nous avions – vous aviez – ils / elles avaient
être : j'étais – tu étais – il / elle / on était – nous étions – vous étiez – ils / elles étaient
parler : je parlais – tu parlais – il / elle / on parlait – nous parlions – vous parliez – ils / elles parlaient
dormir : je dormais – tu dormais – il / elle / on dormait – nous dormions – vous dormiez – ils / elles dormaient
répondre : je répondais – tu répondais – il / elle / on répondait – nous répondions – vous répondiez – ils / elles répondaient

**5** étais – allais – étudiais – vivais – avais – sortait – dormais – voulait

**6** *Lösungsvorschlag:* Les Français travaillaient beaucoup. – En moyenne, ils gagnaient 600 francs (100 euros). – Peu de familles partaient en vacances. – La voiture ou le téléphone étaient un luxe. – Tout le monde écoutait les Beatles. – Les femmes portaient la mini-jupe.

**7** Tous les matins, je me levais à sept heures. – D'habitude, je prenais le train à huit heures. – Mais tous les weekends, je dormais jusqu'à onze heures ou midi. – Un jour, j'ai dormi jusqu'à huit heures. – Ce jour-là, j'ai pris le train à dix heures.

**8** 1. Je rentrais à la maison, quand il a commencé à pleuvoir. – 2. Je téléphonais et quand j'ai regardé l'heure, il était déjà tard. – 3. Il se douchait quand l'eau est devenue froide. – 4. Il mettait la table quand il a cassé un verre.

**9** … je suis sorti(e) avec des amis. On a décidé d'aller manger une glace et nous nous sommes promenés dans le centre-ville. Il ne faisait pas froid, on était bien. Sur la grande place, il y avait une dame. Elle avait les yeux bleu clair et les cheveux roux. Elle nous a demandé si elle pouvait nous lire les lignes de la main. D'abord, nous, on a rigolé. Puis Daniel lui a donné sa main. La chiromancienne était contente ; elle a prévu pour Daniel une vie tranquille, une belle famille et beaucoup de chance. Après Daniel, Lisa aussi a voulu lui donner sa main. Pour Lisa aussi, tout était parfait et sans problèmes. On a voulu s'en aller, mais la chiromancienne m'a regardé et, après un moment, je lui ai donné ma main. Elle m'a parlé chaleureusement : un mariage très proche, des enfants, des voyages… Je me suis dit qu'elle savait raconter de belles histoires et je l'ai regardé dans les yeux. Elle était contente.

**10** *Lösungsvorschlag:* 2. On est partis en Corse, à la mer. On a passé une semaine magnifique. On s'est bien reposés et Cloé, notre petite fille, a été super contente : elle ne voulait jamais sortir de l'eau. – 3. Nous avons passé nos vacances pour la première fois dans un camping. Tout s'est bien passé. Heureusement, il faisait beau et on a passé beaucoup de temps dehors, car l'espace dans notre camping-car était limité ! – 4. On a loué un petit appartement dans une résidence de vacances. En général, je n'aime pas ça, mais on est partis en basse saison et il n'y avait personne. La piscine était à notre disposition ! Nous nous sommes bien reposés, mais nous avons fait aussi des excursions dans la région.

**11** *Lösungsvorschlag:* Je suis partie en Islande avec mon copain. C'est là qu'on découvre la force de la nature : on a vu des paysages fantastiques ! Un jour, on a dû changer de programme pour le reste des vacances, car un des volcans de l'île est entré en éruption et a détruit la route nationale !

**12** *Lösungsvorschlag:* 2. Sur cette photo, Laurent avait quinze ans, il allait au lycée et il passait les après-midis à la maison. Deux fois par semaine, il faisait du sport. – 3. Sur cette troisième photo, Laurent avait vingt-sept ans. Il était au bureau : c'était son premier travail. – 4. Sur cette photo, Laurent avait trente-cinq ans. Il était marié avec Céline et ils avaient deux enfants.

**13** Quand j'étais petite, je portais toujours des jupes. – Quand j'étais petite, je jouais toujours avec ma sœur dans notre chambre. – Quand j'étais petite, j'étais très timide.

# Lösungen

**14** 1. Zoé était une bonne élève. – 2. Elle allait au lycée. – 3. Elle a passé son bac. – 4. Elle a fait ses études à Aix. / Elle a étudié à Aix. – 5. Elle était à la faculté de lettres.

**15** 2. tard – 3. carrière; chef – 4. loisirs – 5. poste; salaire – 6. démission – 7. vie privée – 8. gagnais
1. a – 2. e – 3. c – 4. h – 5. b – 6. g – 7. f – 8. d

## Unité 4

**1** *Lösungsvorschlag:* la ville: la circulation, le brouillard, la pollution, les embouteillages, le réseau de transports en commun, les pistes cyclables, l'offre culturelle, le centre historique, les espaces verts, l'économie, …

**2** 1. provincial – 2. culturel – 3. régional – 4. pollué – 5. artistique – 6. économique – 7. mondial – 8. sportif – 9. historique – 10. dynamique

**3** 1. sais – 2. savez – 3. savent – 4. savons – 5. sait sais

**4** 1. Quelle est la ville la moins polluée de France? – 2. Quelle est l'île la plus grande de la Méditerranée? – 3. Quel est le roi le plus célèbre de France? – 4. Quelle est la montagne la plus haute d'Europe? – 5. Quel est le jour le moins long de l'année? – 6. Quelle est la capitale la plus visitée d'Europe?

**5** … c'est l'homme politique le plus sympa du monde. – … c'est le personnage célèbre le plus détesté du siècle. – … c'est le monument le plus extraordinaire de la ville. – … c'est le musée le plus agréable de la région. – … c'est la chanson la plus romantique de l'année. – … c'est le film le plus drôle de l'année. – … c'est l'émission la plus intéressante du pays. – … c'est le sport le plus pratiqué du pays.

**6** 1. beau – 2. bel – 3. belles – 4. belles – 5. beaux – 6. belle

**7** *waagerecht:* mondial – régional – provincial – commercial – convivial – spatial
*senkrecht:* génial – social
1. régionales – 2. géniale – 3. commerciaux – 4. conviviales – 5. mondial – 6. sociales – 7. provincial – 8. spatiale

**8** 1. qui – 2. où – 3. qui – 4. qu' – 5. où – 6. où – 7. qui – 8. que; que

**9** 1. J'ai fait un gâteau qui était très bon. – 2. Luc connaît Claudia que je connais aussi. – 3. J'ai terminé ce travail que j'ai commencé hier. – 4. Camille, qui devrait faire ses devoirs, est au téléphone. – 5. Louise a invité Pierre que moi, je ne connais pas. – 6. Tu devrais lire cet article qui est très intéressant.

**10** *Lösungsvorschlag:* 1. J'habite une grande ville. – 2. Bien sûr, heureusement il y a des espaces verts. – 3. Le centre-ville est plutôt petit et il est interdit aux voitures. Ça, c'est super. – 4. Oui, il y a un bon réseau. On a le plus grand réseau de trams du pays. – 5. Oui, tout à fait. On a une grande variété d'offres culturelles et sportives. – 6. J'aime son centre historique et la vie tranquille qu'on a ici, je l'apprécie. – 7. Je ne sais pas, peut-être le climat, mais ça, on ne peut pas!

**11** *Lösungsvorschlag:* La ville où j'habite est grande, mais heureusement il y a des espaces verts. Le centre-ville est plutôt petit et il est interdit aux voitures. Il y a aussi un bon réseau de transports en commun. On a le plus grand réseau de trams du pays. La ville offre aussi beaucoup au niveau culturel et les offres sportives sont aussi nombreuses. Ce que j'aime le plus, c'est le centre historique et la vie tranquille qu'on a. Je ne sais pas, par contre, ce qu'on peut améliorer ou changer.

**12** *Lösungsvorschlag:* 1. Mes voisins sont gentils, mais ils font trop de bruit. C'est une famille: la mère crie sur ses enfants et eux, ils courent dans la maison comme s'ils étaient dehors. Souvent le mari bricole et fait, lui aussi, beaucoup de bruit. – 2. Mes voisins aiment faire la fête et malheureusement, ils la font souvent chez eux. Quand je vais me coucher, je n'entends qu'eux, ils dansent et s'amusent jusqu'à très tard. – 3. Ma voisine est très gentille. Elle est toujours prête à m'aider et m'offre souvent une tranche de gâteau ou d'autres plats qu'elle cuisine.

**13** 1. Pour moi, la culture, c'est essentiel. – 2. À mon avis, l'offre culturelle doit être bon marché. – 3. D'un côté, la culture coûte beaucoup d'argent à la ville. – 4. De l'autre côté, tout le monde doit pouvoir profiter de l'offre culturelle. – 5. C'est vrai qu'il y a déjà des offres. – 6. Mais quand même, je trouve qu'une grande variété d'offres est importante.

**14** 1. b – 2. a – 3. b – 4. a – 5. a

## Unité 5

**1** 1. la danse – 2. l'aquarelle / la peinture – 3. la photographie – 4. la lecture – 5. la poterie – 6. la couture

**2** 1. atelier – 2. débat – 3. spectacle – 4. bricolage – 5. cirque – 6. céramique – 7. orchestre – 8. exposition

**3** 1. tout – 2. toute – 3. tous – 4. tout – 5. toutes – 6. toutes

**4** 1. a – 2. b – 3. a

**5** 1. tous les jours – 2. tout le temps – 3. toute la journée – 4. toutes les vacances – 5. tous les soirs – 6. tous les jeudis

**6** 1. f – 2. d – 3. c – 4. a – 5. b – 6. e

**7** 1. Oui, j'y vais à huit heures. – 2. Non, nous n'y sommes pas encore. – 3. Oui, nous venons directement du bureau. – 4. Oui, elle y est. – 5. Oui, elles y sont. – 6. Oui, nous rentrons de vacances. – 7. Non, on n'y va pas. – 8. Non, je n'y vais pas.

**8** j' / tu aimerais – nous aurions – vous devriez – ils / elles passeraient – il / elle / on voudrait – je / tu donnerais – nous pourrions – il / elle / on aurait – ils / elles parleraient – ils / elles devraient – il / elle / on arriverait – vous voudriez – j' / tu aurais – ils / elles chercheraient

**9** 1. passerais – 2. laisseriez – 3. Pourrais – 4. voudrais – 5. mettrais – 6. auriez

**10** *höfliche Bitte:* Pourriez-vous me dire quelle heure il est ? – Tu me donnerais la recette de cette quiche ? – Tu pourrais être un tout petit peu plus gentil avec moi ? – Pourrais-tu m'aider, s'il te plaît ?
*Möglichkeit:* Il devrait y avoir un petit bistrot tout près d'ici. – Elle devrait arriver bientôt.
*Wunsch:* J'aimerais bien être déjà en vacances. – Je voudrais apprendre le chinois.
*Vorschlag:* On pourrait aller au cinéma ce soir. – Voudriez-vous venir dîner chez nous ? – Ça te dirait de manger une pizza ?

**11** *Lösungsvorschlag:* 1. Je pourrais sortir danser ce soir ? – Oui, mais ne rentre pas trop tard. – 2. Maman, on pourrait regarder la télé ? – Oui, mais pas plus qu'un quart d'heure. – 3. Pourriez-vous m'indiquer le chemin pour la gare ? – Il faut aller toujours tout droit. – 4. Auriez-vous une chambre de libre pour ce soir ? – Oui, c'est la dernière. – 5. Tu me donnerais le journal, s'il te plaît ? – Bien sûr, le voilà. – 6. M'aideriez-vous, s'il vous plaît ? – Oui, bien sûr.

**12** *Lösungsvorschlag:* 1. Je voudrais vivre dans un pays chaud ! – 2. J'aimerais avoir une voiture plus grande ! – 3. Je désirerais faire le tour du monde… – 4. J'aurais besoin de plus de temps pour moi.

**13** 1. Donne-moi mon portable ! – 2. Tu me donnes mon portable ? – 3. Tu peux me donner mon portable, s'il te plaît ? – 4. Tu me donnerais mon portable, s'il te plaît ? – 5. Tu pourrais me donner mon portable, s'il te plaît ?

**14** *Lösungsvorschlag:* Je voudrais avoir des informations sur le cours de français. – Pourriez-vous me dire quel jour le cours a lieu ? – Qu'est-ce que je devrais faire pour m'inscrire ? – J'aurais encore une question. Combien coûte le cours ? – D'accord. Je pourrais payer mardi ?

**15** *Lösungsvorschlag:* 1. Tu pourrais téléphoner dans le salon. – 2. Nous pourrions aller au restaurant ce soir. – 3. On pourrait s'inscrire ensemble au cours de poterie. – 4. Aurais-tu envie de sortir avec moi demain soir ? – 5. On pourrait inviter Gérard et Henriette pour le dîner. – 6. Tu voudrais aller au centre-ville avec moi ?

**16** *Lösungsvorschlag:* 1. Oui, j'y vais. Excuse-moi. – 2. Volontiers, c'est une très bonne idée. – 3. Ce serait sympa ! – 4. Oui, et où est-ce que tu voudrais aller ? – 5. On pourrait les inviter samedi, aujourd'hui je suis fatigué. – 6. Je t'accompagne volontiers.

## Unité 6

**1** 1. employeur – 2. horaires – 3. candidature – 4. contrat – 5. collègues – 6. entretien d'embauche – 7. démission – 8. salaire

**2** 1. e – 2. c – 3. a – 4. f – 5. d – 6. b

**3** 1. le Mexique – 2. le Canada – 3. les Pays-Bas – 4. la Grèce – 5. le Japon – 6. la Suisse

**4** *Lösungsvorschlag:* 1. le Japon : Au Japon, on trouve beaucoup de temples bouddhistes. – 2. l'Espagne : Les castagnettes sont un instrument de musique typique de l'Espagne. – 3. la Suisse : La Suisse est célèbre pour ses fromages. – 4. l'Italie : En Italie, on mange les meilleures pâtes du monde. – 5. les États-Unis : Aux États-Unis, il y a beaucoup de gratte-ciel. – 6. le Canada : Le sirop d'érable est beaucoup utilisé au Canada.

**5** 1. en – 2. En – 3. en – 4. Au – 5. Au – 6. Aux – 7. Au – 8. Aux

**6** 1. dans – 2. il y a – 3. depuis – 4. Ça fait – 5. pendant – 6. Au bout d'

**7** 2. des morceaux de sucres / des pullovers – 3. des pralines / des fruits – 4. une tarte / une quiche – 5. des pâtes / du fromage

**8** 1. J'en ai un. – 2. Tu en achètes un kilo. – 3. Tu en écoutes. – 4. Il en mange (avec de la viande). – 5. Elles en gagnent beaucoup. – 6. On en a deux.

**9** 1. Je n'en ai pas un. – 2. Tu n'en achètes pas un kilo. – 3. Tu n'en écoutes pas. – 4. Il n'en mange pas (avec de la viande). – 5. Elles n'en gagnent pas beaucoup. – 6. On n'en a pas deux.

**10** 1. faudrait – 2. devriez – 3. iraient – 4. ferions – 5. aurais – 6. viendraient – 7. pourrait – 8. voudrais – 9. seriez

**11** 1. faudrait – 2. devrait – 3. commencerait – 4. profiteriez ; aurions – 5. feraient – 6. serait

**12** 1. ferais-tu – 2. je suivrais – 3. je resterais – 4. Vous pourriez – 5. chercherais-tu – 6. Tu devrais ; tu pourrais

**13** 1. b ; c – 2. a ; c – 3. c ; d – 4. b ; d

**14** *Lösungsvorschlag:* Finalement, je réussirais à associer hobby et travail. Je serais photographe.

**15** Oui, d'abord on m'a offert un café et puis le chef du personnel a parlé de son entreprise. – Il a regardé ma candidature et il a dit que je suis la bonne personne pour ce poste. – La personne qui a ce poste part bientôt à la retraite. Je pourrais commencer tout de suite après.

**16** Qu'est-ce que vous faites dans la vie ? – Quelle est votre formation ? – Et quelle est votre expérience professionnelle ?

# Lösungen

**17** Zoé : Elle a un poste fixe avec un petit salaire. Elle a des responsabilités et des horaires stricts. Elle a un chef et beaucoup de collègues sympas.
Luc : Il travaille seul chez lui, il est indépendant. Il décroche des contrats régulièrement et il gagne bien sa vie. Il a des responsabilités et il se réalise.

**18** *Lösungsvorschlag:* À ta place, moi, je réserverais une table dans un bon restaurant. Je m'habillerais de façon élégante. Je lui achèterais un bouquet de fleurs. Et surtout, je ne la ferais pas attendre.

## Unité 7

**1** *waagerecht:* cuisinière – lavabo – machine à laver – baignoire – étagère – douche – réfrigérateur – lave-vaisselle
*senkrecht:* armoire – fauteuil – four – chaise – canapé – évier – lit – table – placard
meubles : étagère – armoire – fauteuil – chaise – canapé – lit – table – placard
appareils électriques : cuisinière – machine à laver – réfrigérateur – lave-vaisselle – four
sanitaires : lavabo – baignoire – douche – évier

**2** 1. studio – 2. meublé – 3. spacieux – 4. chalet – 5. amis – 6. fleuri – 7. déménager – 8. moderne
maison de charme

**3** 2. vingtième – 3. septième – 4. onzième – 5. dixième – 6. seizième – 7. premier – 8. deuxième – 9. cinquième – 10. troisième – 11. quinzième – 12. neuvième – 13. sixième

**4** 1. Il ne reste qu'une seule place. – 2. Vous ne mangez que de la viande. – 3. Nous n'arrivons que vers neuf heures. – 4. Je ne dors que cinq ou six heures par nuit. – 5. Elle n'est arrivée que huitième. – 6. Tu n'achètes des vêtements qu'en ligne.

**5** 1. Non, je n'ai ni faim ni soif. – 2. Non, je ne prends ni mon chapeau ni mon écharpe. – 3. Non, nous n'achetons ni de pommes ni d'oranges. – 4. Non, on ne va ni au restaurant ni au cinéma.

**6** 1. Il n'y a personne ? – 2. Vous n'aimez rien. – 3. Personne n'a appelé. – 4. Je ne travaille jamais. – 5. Il n'a rien mangé. – 6. Elle ne rit jamais. – 7. Je n'ai vu personne. – 8. Tu n'as rien dit.

**7** 1. Non, je ne me lève pas tôt le matin. – 2. Non, je ne bois ni café ni thé pour le petit-déjeuner. – 3. Non, je ne prends jamais le métro pour aller au travail. – 4. Non, à midi, je ne mange rien. – 5. Non, aujourd'hui, je n'ai plus beaucoup de travail à faire. – 6. Non, ce soir, je ne retrouve personne. – 7. Non, je ne dis jamais « oui ».

**8** 2. Non, personne ne le sait. – 3. Non, je n'ai aidé personne. – 4. Non, il ne parlait avec personne. – 5. Non, je ne demande à personne. – 6. Non, personne ne répond.

**9** 1. entre – 2. à gauche du / à côté du – 3. En face de – 4. près de – 5. Derrière ; dans – 6. devant ; avant – 7. jusqu' ; après – 8. sur

**10** *Lösungsvorschlag:*
Salut !
Alors, c'est décidé : moi, je pars demain et toi, tu viens chez moi pour le weekend !
Je te laisse les clés chez ma voisine, Mme Fournier. Elle est très gentille et si tu as besoin de quelque chose, tu peux toujours lui demander.
Chez moi, fais comme si tu étais chez toi ! Tu peux dormir dans ma chambre, le lit est déjà fait. Si tu as besoin d'une couverture de plus, tu en trouves dans l'armoire.
Dans le frigo, je t'ai laissé aussi quelque chose, mais tu feras sûrement des courses. Il y a un supermarché tout près de chez moi. C'est pratique !
Pour le reste, je ne sais pas, il me semble que tout est clair. Rappelle-toi seulement de rendre les clés à ma voisine quand tu partiras !
Bon séjour !

**11** 1. d – 2. c – 3. b – 4. a

**12** *Lösungsvorschlag:* Pour trois ou quatre mois. – Un trois-pièces serait idéal. – Si c'est possible, oui. Un immeuble ancien, c'est élégant. – Au dernier étage, ce serait parfait. – Ce n'est pas nécessaire, mais s'il y a le choix, bien sûr ! – J'aimerais bien avoir au moins un balcon. – Oui, l'appartement doit être meublé. – Ce n'est pas une question, mais une autre chose importante : il faudrait qu'il y ait une station de métro tout près… si possible.

## Unité 8

**1** 1. flore – 2. faune – 3. climat – 4. épices

**2** 1. mangue – 2. cascade – 3. environnement – 4. lunaire – 5. paysages – 6. végétation

**3** *waagerecht:* caution – conducteur – routière – kilométrage – conduire – identité – location
*senkrecht:* service – crédit – plein
1. identité – 2. location – 3. conduire – 4. crédit – 5. caution – 6. plein – 7. service – 8. routière – 9. kilométrage – 10. conducteur – revoir – bonne – route

**4** 1. b – 2. d – 3. c – 4. a

**5** 1. Celle ; celle ; Celui – 2. celui ; celui ; ceux

**6** 1. Oui, c'est celle que je préfère. – 2. Non, c'est celui que tu porteras demain au mariage. – 3. Oui, c'est celle qu'on regarde toutes les semaines. – 4. Oui, c'est celui que je relis volontiers. – 5. Non, ce sont celles que nous devons encore regarder.

**7** 1. b – 2. b – 3. c – 4. b – 5. a – 6. b

**8** Qui vous a montré la ville ? / vient se promener dans le centre-ville ? – Qu'est-ce qui vous intéresse ? / t'a plu le plus ? / s'est passé ? – Qu'est-ce que tu prends ? / vous avez visité ? – Qu'est-ce qu'il préfère ? / il faut voir ici ?

**9** 1. Qu'est-ce que tu aimes ? / vous aimez ? – 2. Qu'est-ce qui te / vous manque ici ? – 3. Qu'est-ce que vous désirez / voulez / voudriez faire ? – 4. Qu'est-ce qui s'est passé ? – 5. Qu'est-ce qui ne va pas ? – 6. Qu'est-ce qu'elle t'a dit ? / vous a dit ?

**10** *Lösungsvorschlag:* Le département de Mayotte est situé au nord-ouest de Madagascar, dans l'océan Indien. Mayotte est composé de deux grandes îles et de plusieurs petites. C'est un département et région d'outre-mer français et, depuis 2014, une région ultrapériphérique de l'Union européenne. Son chef-lieu est Mamoudzou.
La langue officielle est le français. On parle, en plus, d'autres langues locales. Le climat est tropical.
Mayotte a 212 645 habitants, plus de la moitié de la population a moins de 18 ans (2012). L'économie de Mayotte est liée aux secteurs de l'administration, de l'enseignement, de la santé et du social qui représentent 50 % des emplois. L'agriculture est une autre source. Le tourisme, par contre, reste une activité peu développée. Le taux de chômage est de 25 % environ (2012).

**11** *Lösungsvorschlag:* Hambourg est une grande ville d'Allemagne. Elle se trouve au nord du pays. C'est une ville-état. À Hambourg, il y a plus d'1,7 million habitants. Le climat est océanique, l'influence de la mer du nord est forte. La langue est l'allemand et l'économie de la ville fleurit. Le tourisme joue aussi un rôle important. Le taux de chômage est d'environ 7,5 %.

**12** 1. Jusqu'à quelle heure le musée est-il ouvert ? – 2. Est-ce qu'il y a des visites guidées ? – 3. Combien coûte la visite guidée ? – 4. Est-ce qu'on peut faire des photos ? – 5. Est-ce qu'il y a un catalogue sur l'exposition ? – 6. Les toilettes, où sont-elles ?

**13** Oui, j'ai réservé une trois portes pour dix jours. – Buchmann. / Je m'appelle Buchmann. – Tenez, voilà mon permis. Est-ce que la voiture a la climatisation ? – Voilà ma carte de crédit. Le plein est fait ? – Merci. Où est garée la voiture ?

## Unité 9

**1** 1. Noël – 2. Toussaint – 3. carnaval – 4. Pâques – 5. travail – 6. Épiphanie – 7. nationale
le nouvel an

**2** 1. Santé – 2. cadeau – 3. bougies – 4. réveillon – 5. anniversaire – 6. feux d'artifices

**3** 1. muguet – 2. gâteau – 3. sapin – 4. cloche – 5. bal – 6. œufs – 7. Père Noël – 8. beignet

**4** 1. Achetez-le ! – 2. Dis à Sylvie de l'appeler. – 3. Invitez-les. – 4. Attends-la. – 5. Mets-en dans mon café. – 6. Donne-les à Juliette. – 7. Propose-lui de venir. – 8. Apporte-le.

**5** 1. Ne l'achetez pas ! – 2. Dis à Sylvie de ne pas l'appeler. / Ne dis pas à Sylvie de l'appeler. – 3. Ne les invitez pas. – 4. Ne l'attends pas. – 5. N'en mets pas dans mon café. – 6. Ne les donne pas à Juliette. – 7. Ne lui propose pas de venir. – 8. Ne l'apporte pas.

**6** 2. ne l'appelle pas – 3. achète-la – 4. habillez-vous – 5. n'y va pas – 6. Raconte-moi

**7** 1. c – 2. b – 3. f – 4. e – 5. a – 6. d

**8** 1. C'est Julien qui s'est levé le premier. – 2. C'est toi qui fais les courses. – 3. C'est la grand-mère qui s'occupe des enfants. – 4. C'est moi qui t'accompagne à la gare. – 5. C'est nous qui voulons boire un café. – 6. Ce sont elles qui vont au travail à vélo. – 7. C'est vous qui le dites aux autres. – 8. Ce sont eux qui sortent ce soir.

**9** tu seras – nous viendrons – ils arriveront – ils viendront – je serai – on voudra – vous prendrez – il fera

**10** 1. me déguiserai – 2. fêterons – 3. ouvriras – 4. iront – 5. chercherez – 6. sera

**11** 1. Les Montreux iront au lit / iront se coucher. – 2. Marie-France préparera / fera sa valise. – 3. Hélène sortira. – 4. Jacques lira son roman. – 5. Les amis de Victor prendront un apéritif avec lui. – 6. Mme Carlou enverra sa lettre.

**12** *Lösungsvorschlag:* … en Angleterre, je visiterai l'Écosse, puis de là, je partirai pour l'Islande. Après, j'irai en Amérique et je découvrirai les États-Unis. Je passerai quelque temps en Amérique du sud et puis je partirai pour l'Australie. De là, je voyagerai en Asie et au bout d'un an, je rentrerai chez moi.

**13** 1. Apporte – 2. Donne-moi – 3. Sers-moi – 4. Ressers-moi – 5. Ouvre-le – 6. Ne t'inquiète pas

**14** 1. Entrez ! Donnez-moi vos manteaux ! – 2. Tiens, on a apporté des fleurs. – 3. Merci, mais il ne fallait pas. – 4. Qu'est-ce que je vous sers ? – 5. C'était délicieux. On s'est régalés. – 6. Rentrez bien et soyez prudents sur la route.

**15** 1. a – 2. b – 3. b – 4. b – 5. b – 6. a

**16** 1. e – 2. a – 3. c – 4. f – 5. b – 6. d

**17** *Lösungsvorschlag:* 1. Pour Noël, on ira chez mes parents. On mangera beaucoup… puis on ouvrira les cadeaux. – 2. Pour Pâques, les enfants chercheront des œufs dans le jardin. Je les aiderai. – 3. Pour Mardi gras, les enfants se déguiseront. Pierre sera déguisé en clown. Et on mangera des beignets bien sûr !

# Lösungen

## Unité 10

**1** 1. médecine – 2. vitamine – 3. fièvre – 4. symptôme – 5. maladie – 6. aliments – 7. prescrire – 8. plaque

**2** *waagerecht:* vertiges – lactose – ordonnance – effort – ampoule – médicaments – assurance
*senkrecht:* hôpital – crevé – gonfler – gorge – fièvre
1. médicaments – 2. crevé – 3. vertiges – 4. hôpital – 5. fièvre – 6. ordonnance – 7. gonfler – 8. ampoule – 9. lactose – 10. assurance – 11. effort – 12. gorge

**3** 1. tête – 2. œil – 3. nez – 4. oreille – 5. bouche – 6. épaules – 7. main – 8. doigt – 9. dos – 10. pied
autres : bras, jambe, ventre, …

**4** 1. confortablement – 2. courageusement – 3. activement – 4. couramment – 5. absolument – 6. poliment – 7. facilement – 8. indépendamment – 9. impatiemment – 10. dangereusement – 11. entièrement – 12. énormément

**5** 1. profondément – 2. difficile ; facilement – 3. gentil – 4. tranquille – 5. lentement – 6. abondamment – 7. vraiment – 8. Normalement

**6** 1. joyeusement – 2. librement – 3. lentement – 4. Calmement – 5. amoureusement – 6. ouvertement – 7. élégamment – 8. gentiment

**7** 1. fasse – 2. parte – 3. finisses – 4. lisent – 5. preniez – 6. entriez – 7. ailles – 8. prenne – 9. lise – 10. mettes – 11. fassions – 12. alliez

**8** 1. Il faut que je prenne le train de six heures. – 2. Il faut que tu fasses les courses. – 3. Il faut que vous mettiez la table. – 4. Il faut qu'ils attendent leur sœur. – 5. Il faut que nous partions en vacances. – 6. Il faut qu'elle aille chez le médecin.

**9** 1. fasse – 2. respires – 3. évitions – 4. aie – 5. éliminiez – 6. aillent

**10** 1. tu seras toujours stressé. – 2. vous aurez des problèmes de santé. – 3. Si elle ne se fait pas masser, elle continuera à avoir mal au dos. – 4. Si tu ne prends pas de médicaments, tu ne guériras pas. – 5. S'il n'évite pas certains aliments, il aura des allergies. – 6. Si nous ne faisons pas d'effort, nous n'arriverons jamais à rien.

**11** 1. a – 2. b – 3. b – 4. b

**12** *Lösungsvorschlag:* Pour te sentir bien, tu devrais faire de la méditation. / il faut que tu manges sainement. / va dans un club de fitness. / il faudrait que tu te fasses masser. / tu ne devrais pas manger certains aliments. / évite le stress. / dors suffisamment. / mange beaucoup de légumes.

**13** 1. Il a mal à la tête. – 2. Elle a mal à la gorge. – 3. Il a mal au bras. – 4. Il a mal au doigt. / Il s'est cassé un doigt. – 5. Elle a mal au pied. / Elle s'est cassée un pied. – 6. Il a mal au ventre.

**14** Tu as une petite mine. / Tu as l'air fatiguée. – Tu dors bien ? – Et au travail, tout va bien ? – Tu as mal quelque part ? – Tu devrais aller voir un médecin.

**15** *Lösungsvorschlag:* J'ai trop bu hier soir. J'ai mal dormi, j'étais très agité et maintenant j'ai mal à la tête. Je ne peux pas me lever. / J'ai trop mangé, mais le repas était si bon… Maintenant, j'ai mal au ventre. Je ne veux plus penser à la nourriture, ça non… Je ne vais pas manger pendant deux jours ! / Ça fait quelques mois que je travaille trop. Alors, je le sais, je suis stressé, je m'énerve pour rien. Je dors mal et j'ai souvent mal à la tête. Je ne peux pas continuer comme ça. / Hier, j'ai aidé Mathieu et Sandra à déménager. Quatre étages à pied toute une journée avec des cartons et des meubles. Je suis crevé. Je ne peux plus bouger, j'ai mal au dos, aux jambes, aux bras… / Je suis bête. Hier, j'ai attendu Paul devant le café, il était en retard. J'avais très froid, mais je ne suis pas entré me réchauffer. Maintenant, j'ai mal à la gorge, j'ai les yeux tout rouges et mon nez coule. C'est sûr, je vais tomber malade…

**16** 1. Il faut que vous respiriez doucement ! – 2. Il faudrait que tu dormes suffisamment ! – 3. Il faudra que vous évitiez les aliments sucrés. – 4. Il faut que tu ailles chez le médecin. – 5. Il faudrait que tu prennes ces médicaments. – 6. Il faudra que vous fassiez un effort.

## Unité 11

**1** voiture : autoroute – péage – panne – moteur – rouler – pneu – doubler – klaxon – coffre
avion : vol – correspondance – couloir – aéroport
train : voie – changement – correspondance – couchette – compartiment – couloir

**2** 1. e / h – 2. f – 3. d – 4. a – 5. b – 6. h / e – 7. c – 8. g / d

**3** *waagerecht:* coffre – moteur – pneu – klaxon
*senkrecht:* GPS – frein – feux – porte batterie

**4** 1. Tu viens de réparer ton vélo. – 2. Je viens de faire contrôler notre voiture. – 3. Les Dano viennent de terminer de dîner. – 4. Vous venez de rentrer à la maison. – 5. Nadine vient de téléphoner à sa mère. – 6. Nous venons de regarder les photos des vacances.

**5** être : que je sois – que tu sois – qu'il / elle / on soit – que nous soyons – que vous soyez – qu'ils / elles soient
avoir : que j'aie – que tu aies – qu'il / elle / on ait – que nous ayons – que vous ayez – qu'ils / elles aient

**6** 1. soit – 2. parte – 3. sorte – 4. aies – 5. aide – 6. finisse – 7. ayez – 8. prennes

**7** 1. ait – 2. sois – 3. partions – 4. fasses – 5. est – 6. rentriez – 7. es – 8. sont

**8** 1. Et si vous vous arrêtiez sur le bas-côté ? – 2. Et si on faisait contrôler la pression des pneus ? – 3. Et si tu respectais les limitations de vitesse ? – 4. Et si tu ralentissais ? – 5. Et si vous appeliez un dépanneur ? – 6. Et si tu échangeais ton billet ?

**9** 1. f – 2. d – 3. h – 4. g – 5. a – 6. b – 7. c – 8. e

**10** *Lösungsvorschlag:* 1. Une pause après deux heures de conduite, ça fait du bien. – 2. Ils font du stop. On s'arrête ? – 3. Zut ! Je n'ai pas de monnaie, ce n'est pas la bonne file.

**11** Je voudrais acheter un billet pour Strasbourg, s'il vous plaît. – Un aller simple, s'il vous plaît. Le prochain train part à quelle heure ? – Et il arrive à quelle heure à Strasbourg ? – C'est un train direct ou il faut changer ? – Non, en première classe, s'il vous plaît. Et si possible, côté fenêtre. – Non, je n'en ai pas.

**12** 1. Et si on rendait visite à Éléonore ? – 2. Et si on partait en train ? – 3. Et si on prenait un train direct ? – 4. Et si on voyageait de nuit ? – 5. Et si on prenait un compartiment-couchette ? – 6. Alors, et si on restait à la maison ?

**13** 1. a – 2. a – 3. c – 4. b – 5. b – 6. c

## Unité 12

**1** *waagerecht:* ordinateur – logiciel – tablette – profil – connexion – perche à selfie
*senkrecht:* écran – câble – skyper – ligne numérique

**2** télécharger une photo – consulter Internet ; des mails – chatter sur Internet – envoyer des mails ; une photo – ouvrir des mails – imprimer des mails ; une photo – retoucher une photo – cliquer sur des mails ; une photo ; un mot – capter un signal – raccrocher le téléphone

**3** personnes âgées : la vieillesse – senior – le troisième âge – la maison de retraite
habitation : la cohabitation – la colocation – cohabiter – le loyer
relations : familial – le respect – intergénérationnel – parental

**4** 1. Si tu te réalisais, tu ne chercherais pas un nouvel emploi. – 2. Si Sylvie avait une pièce supplémentaire, elle l'offrirait à une étudiante. – 3. Si nous partions en vacances, nous vous laisserions notre chat. – 4. S'il arrivait maintenant, on dînerait tous ensemble. – 5. Si j'avais le Wi-Fi, je pourrais consulter mes mails. – 6. Si tu t'occupais des enfants, je ferais le ménage.

**5** 1. étais ; aurais – 2. avais ; gagnerais – 3. gagnais ; partirais – 4. partais ; découvrirais / visiterais – 5. découvrais / visitais ; connaîtrais / découvrirais – 6. connaissais / découvrais ; apprendrais

**6** 1. a – 2. b – 3. a – 4. b

**7** Tout d'abord – Ensuite – Enfin – Par ailleurs / Parallèlement à cela – De plus – Parallèlement à cela / Par ailleurs – En effet – En conclusion

**8** *Lösungsvorschlag:* 1. Marie-Louise est encore très dynamique. Elle va à un cours de gym deux fois par semaine. L'après-midi, elle va chercher ses petits-enfants à l'école et elle s'occupe d'eux jusqu'au soir. Elle leur prépare aussi le dîner. – 2. Violaine cohabite depuis quelques mois avec Flavie. Elle a une chambre pour elle dans l'appartement de Flavie. Les deux femmes discutent souvent le soir, dans le salon, et elles partagent le travail à la maison. En général, Violaine fait le ménage et Flavie fait la cuisine.

**9** *Lösungsvorschlag:* J'ai le Wi-Fi pour pouvoir surfer n'importe où dans la maison. – Pour moi, Internet est l'invention du siècle. Je ne pourrais plus vivre sans être connecté. – J'utilise les réseaux sociaux pour m'informer de la vie des gens. – Je suis sur Facebook pour rester en contact avec mes amis. – Je ne suis pas sur Facebook, mais j'ai Whatsapp et Twitter.

**10** *Lösungsvorschlag:* J'utilise Internet pour réserver des billets de train, un hôtel, un vol ou bien pour acheter des livres, des vêtements ou n'importe quoi disponible en ligne. Souvent, je cherche aussi des informations ou je télécharge des films. Par contre, je préfère encore lire le journal papier !
Les autres médias que j'utilise sont le téléphone, la radio, la télévision, mais j'aime bien aussi aller au cinéma.

**11** *Lösungsvorschlag:* 1. Il utilise Internet pour étudier et faire des recherches. Il achète aussi des livres en ligne qui peuvent lui être utiles. – 2. Il utilise Internet pour chatter. Il passe son temps sur Facebook ou Twitter. Il a beaucoup d'amis. – 3. Il utilise Internet pour le travail. Il fait des téléconférences avec ses partenaires qui travaillent à l'étranger.

**12** *Lösungsvorschlag:* Si je veux savoir qui a gagné les élections, je regarde la télé ou j'écoute la radio. – Si je veux regarder les prévisions météo, je regarde sur mon portable. – Si je dois chercher ce que Marguerite Yourcenar a écrit, je vais sur Internet. – Si je veux connaître les résultats de la Formule 1, je regarde la télévision.

**13** *Lösungsvorschlag:* 1. Je n'ai pas Internet sur mon smartphone, je ne capte pas le WIFI. – 2. Je n'ai pas de connexion Internet. – 3. Je ne peux pas imprimer, il me faut un câble.

**14** *Lösungsvorschlag:* tout d'abord, il y a l'habitude, il faudrait s'en déshabituer ! Ensuite, tout le monde utilise ces médias, notamment pour communiquer, et on ne pourrait pas être l'exception. Enfin, il y a des situations où on n'a simplement plus le choix. Pour postuler à une offre d'emploi par exemple, on doit bien souvent se servir d'Internet. De plus, le Wi-Fi sera bientôt partout, accéder à Internet sera encore plus facile. Par ailleurs, les connexions sont de plus en plus rapides et les prix, de moins en moins élevés. En conclusion, Internet fait partie de notre vie et ça ne changera pas.

# Quellenverzeichnis

**Cover** imago / imagebroker – **S. 3** *1* Fotolia / Tomfry; *2* Corbis / Hill Street Studios / Eric Raptosh LLC; *3* akg-images / Paul Almasy; *4* Fotolia / fred34560; *5* Fotolia / mystique; *6* Fotolia / RG; *7* Fotolia / Ralf Gosch; *8* Fotolia / Prod. Numérik; *9* mauritius images / age; *10* Clip Dealer / CandyBox Images 2012; *11* Fotolia / Delphimages; *12* Fotolia / Monkey Business – **S. 4** Bildleiste (*u.* **S. 5–7**) Fotolia / felinda; *o.* Colourbox / LiliGraphie – **S. 5** Fotolia / ChiccoDodiFC – **S. 8** *Bildleiste* (*u.* **S. 9–13**) Fotolia / nito – **S. 9** *1* Shutterstock / tmcphotos; *2* Clip Dealer / Serg64; *3* Fotolia / Africa Studio; *4* Fotolia / Tarzhanova; *5* Shutterstock / Baptist; *6* Shutterstock / Nasimi Babaev; *7* Colourbox / Unspecified; *8* Fotolia / avatar444; *9* Fotolia / Magalice – **S. 13** *1* Fotolia / kurapatka; *2* Fotolia / Agence DER; *3* Fotolia / Chlorophylle – **S. 14** *Bildleiste* (*u.* **S. 15–19**) Fotolia / goldpix; *li.* Fotolia / oslobis; *re.* Fotolia / boris vigaud photographie – **S. 15** Fotolia / Claude WAEGHEMACKER – **S. 16** Fotolia / Marco Govel – **S. 18** Shutterstock / Alexandr Shevchenko – **S. 19** *oben:* *1* Fotolia / thier; *2* Fotolia / goodluz; *3* Fotolia / Graham Oliver; *4* Fotolia / sylv1rob1; *unten:* *1* Fotolia / choucashoot; *2* Fotolia / auremar; *3* Fotolia / Studio Mike; *4* Fotolia / sylv1rob1 – **S. 20** *Bildleiste* (*u.* **S. 21–25**) Fotolia / MIPImages – **S. 21** Fotolia / MONIQUE POUZET – **S. 22** *li.* Fotolia / Λεωνιδας; *mi.* Fotolia / rochagneux; *re.* Fotolia / Laure F – **S. 24** *oben* Fotolia / Gpoint Studio; *unten* Fotolia / fred34560 – **S. 26** *Bildleiste* (*u.* **S. 27–31**) Fotolia / jayfisch; *oben* Colourbox / Igor Poleshchuk; *unten* Colourbox – **S. 27** *1* Shutterstock / Iakov Filimonov; *2* Fotolia / Monkey Business; *3* Fotolia / Furan; *4* Fotolia / Agence DER; *5* Fotolia / phil35m; *6* Fotolia / George Dolgikh – **S. 28** Fotolia / rh2010 – **S. 29** Fotolia / Marc Rigaud – **S. 32** *Bildleiste* (*u.* **S. 33–37**) Fotolia / Valena Soraja Image – **S. 33** Fotolia / auremar – **S. 34** *1* Fotolia / Sean Pavone 2015; *2* Shutterstock / nenetus; *3* Fotolia / beatrice prève; *4* Fotolia / stockcreations; *5* Fotolia / Yvann K; *6* Fotolia / showcake – **S. 35** *o. li.* Fotolia / guy; *o. re.* Fotolia / tpzijl; *mi. li.* Fotolia / MAURICE METZGER; *mi. re.* Fotolia / helenedevun; *u. li.* Fotolia / Brad Pict; *u. re.* Fotolia / thieury – **S. 38** *Bildleiste* (*u.* **S. 39–43**) Fotolia / virtua73; *o. re.* Fotolia / Studio Chlorophylle; *o. li.* Fotolia / Robert Kneschke; *u. li.* Fotolia / Eugenio MarongiZ – **S. 39** Fotolia / Alexi TAUZIN – **S. 41** Fotolia / VadimGuzhva – **S. 42** Fotolia / Fabrice Alexandre – **S. 44** *Bildleiste* (*u.* **S. 45–49**) Fotolia / Benno Hoff; *li.* Fotolia / Maridav; *re.* Fotolia / Alexi TAUZIN – **S. 45** *oben* Fotolia / Eric Pothier; *unten* Fotolia / vitmark – **S. 46** *o. re.* Fotolia / lev 46; *u. li.* Clip Dealer / Sean Prior;dolgachov – **S. 48** *li.* Shutterstock / Stefano Ember; *re.* Fotolia / yoann_f – **S. 49** Fotolia / matteo – **S. 50** *Bildleiste* (*u.* **S. 51–55**) Fotolia / Mariusz Prusaczyk – **S. 51** Fotolia / Solivo – **S. 52** Fotolia / ChantalS – **S. 53** Fotolia / Steffen Schwenk – **S. 55** *1* Fotolia / Gpoint Studio; *2* Fotolia / Christophe Fouquin; *3* Fotolia / ChantalS – **S. 56** *Bildleiste* (*u.* **S. 57–61**) Fotolia / Jag_cz; Fotolia / Chlorophylle – **S. 57** Fotolia / lenets_tan – **S. 58** Fotolia / BulleandFlox – **S. 60** *oben* Clip Dealer / Dmitriy Shironosov; *2. v. oben* Fotolia / Videovol; *u. li.* Fotolia / puhhha; *u. mi.* Fotolia / skampixelle; *u. re.* ClipCealer / CandyBox Images 2013 – **S. 61** Fotolia / celeste clochard – **S. 62** *Bildleiste* (*u.* **S. 63–65**) Fotolia / Zechal; Fotolia / industrieblick – **S. 63** Fotolia / Eleonore Horiot – **S. 64** Fotolia / Richard Villalon – **S. 65** Fotolia / Alexi TAUZIN – **S. 66** *Bildleiste* (*u.* **S. 67–71**) Cornelsen Schulverlage / Helmut Litters – **S. 67** Fotolia / sdecoret – **S. 70** Fotolia / Andrey Popov

# PLUSPUNKT DEUTSCH
## *Leben in Deutschland*

ARBEITSBUCH TEILBAND 2

**B1**.2

Jin | Schote

 **Zusatzmaterialien** online verfügbar unter
www.cornelsen.de/webcodes  **Code: kimowu**

**Symbole**

🔊 14  Hörtext in der PagePlayer-App oder auf CD

⭐ Portfolio

**Pluspunkt Deutsch B1.2**
**Leben in Deutschland**

Arbeitsbuch, Teilband 2

Im Auftrag des Verlags erarbeitet von Friederike Jin und Joachim Schote

**Redaktion:** Corinna Hilger
Gertrud Deutz (Projektleitung)
**Redaktionelle Mitarbeit:** Dieter Maenner
**Illustrationen:** Christoph Grundmann
**Umschlaggestaltung, Layout und technische Umsetzung:** finedesign – Büro für Gestaltung, Berlin
**Basierend auf Pluspunkt Deutsch von:** Joachim Schote

www.cornelsen.de

Die Webseiten Dritter, deren Internetadressen in diesem Lehrwerk angegeben sind, wurden vor Drucklegung sorgfältig geprüft. Der Verlag übernimmt keine Gewähr für die Aktualität und den Inhalt dieser Seiten oder solcher, die mit ihnen verlinkt sind.

Soweit in diesem Lehrwerk Personen fotografisch abgebildet sind und ihnen von der Redaktion fiktive Namen, Berufe, Dialoge und Ähnliches zugeordnet oder diese Personen in bestimmte Kontexte gesetzt werden, dienen diese Zuordnungen und Darstellungen ausschließlich der Veranschaulichung und dem besseren Verständnis des Inhalts.

2. Auflage, 2. Druck 2023

Alle Drucke dieser Auflage sind inhaltlich unverändert und können im Unterricht nebeneinander verwendet werden.

© 2016 Cornelsen Verlag GmbH, Berlin

Das Werk und seine Teile sind urheberrechtlich geschützt. Jede Nutzung in anderen als den gesetzlich zugelassenen Fällen bedarf der vorherigen schriftlichen Einwilligung des Verlages. Hinweis zu §§ 60a, 60b UrhG: Weder das Werk noch seine Teile dürfen ohne eine solche Einwilligung an Schulen oder in Unterrichts- und Lehrmedien (§ 60b Abs. 3 UrhG) vervielfältigt, insbesondere kopiert oder eingescannt, verbreitet oder in ein Netzwerk eingestellt oder sonst öffentlich zugänglich gemacht oder wiedergegeben werden. Dies gilt auch für Intranets von Schulen.

Druck und Bindung: Livonia Print, Riga

ISBN: 978-3-06-120583-6

# Inhalt

| Teilband 1 | | |
|---|---|---|
| Lektion 1 | Frauen – Männer – Familien | |
| Lektion 2 | Die digitale Welt | |
| Lektion 3 | Der erste Eindruck | |
| Station 1 | | |
| Lektion 4 | Damals, gestern, heute | |
| Lektion 5 | Aus der Arbeitswelt | |
| Lektion 6 | Wünsche | |
| Station 2 | | |

Grammatik    Hörtexte

| Teilband 2 | | |
|---|---|---|
| Lektion 7 | Reisen und Verkehr | 84 |
| Lektion 8 | Ein neuer Start | 96 |
| Lektion 9 | Natur und Umwelt | 108 |
| Station 3 | | 120 |
| Lektion 10 | Gesund werden und bleiben | 124 |
| Lektion 11 | Politik und Gesellschaft | 136 |
| Lektion 12 | Wie wird es sein? | 148 |
| Station 4 | | 160 |

Grammatik  164    Hörtexte  190

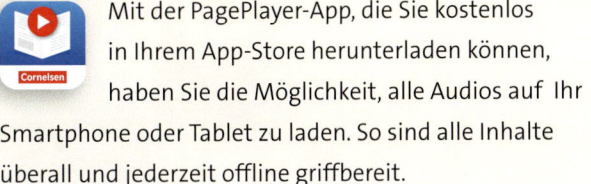

Mit der PagePlayer-App, die Sie kostenlos in Ihrem App-Store herunterladen können, haben Sie die Möglichkeit, alle Audios auf Ihr Smartphone oder Tablet zu laden. So sind alle Inhalte überall und jederzeit offline griffbereit.

Alternativ finden Sie diese im Webcodeportal unter
www.cornelsen.de/codes

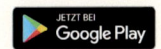 

# 7 Reisen und Verkehr

**1  Wiederholung: Auf Reisen. Ergänzen Sie.**

1. Herr Müller will eine G_sch_ftsreise nach Peking machen. Deshalb bucht er einen Fl_g und beantragt ein V_s_m für China.
2. Frau Granowski kauft eine F_hrk_rt_ mit Reserv_ _r_ng für den Z_g nach Bonn.
3. Leider hatten wir auf der F_hrt nach Hamburg eine Autop_nn_. Wir haben die N_tr_fzentrale angerufen, die den Pannend_ _nst geschickt hat.
4. Obwohl es auf Rügen viele H_tels, Ferienw_hn_ng_n und C_mp_ngplätze gibt, ist es in der F_r_ _nzeit nicht leicht, eine Unt_rk_nft zu finden.
5. Wenn man eine Radt_ _r oder eine W_nd_r_ng macht, sollte man R_g_nsachen mitnehmen.
6. Ein R_ _s_f_hr_r für ein Land zeigt, welche S_h_nsw_rd_gk_ _t_n es gibt.

**2  Wiederholung: Präpositionen. Ergänzen Sie die Sätze.**

~~ans~~ • im • vom • durch • bei • zu • über • nach • in • in • auf • am

1. Familie Marx fährt gerne *ans* Meer. Die Eltern liegen ........... Strand und die Kinder baden ........... Meer. Sie wohnen ........... einem Campingplatz, der nicht weit ........... Meer entfernt ist.
2. Wir machen gerne ........... den Bergen Urlaub. Wir wohnen dann immer ........... einem Ferienhaus.
3. Im letzten August sind wir ........... Goslar ........... Verwandten gefahren und sind zwei Wochen ........... ihnen geblieben.
4. In den Alpen fahren die Züge ........... lange Tunnel und ........... hohe Brücken.

**3  Wie würden Sie gern oder nicht gern Urlaub machen? Ergänzen Sie die Sätze.**

Ich würde nicht gerne ...........

Ich würde gerne einmal ...........

# A Urlaubsplanung

**4** Lesen Sie die E-Mail und beantworten Sie die Fragen in Ihrem Heft.

Hallo liebe Caroline,

du hast gefragt, was für einen Urlaub wir in diesem Jahr planen. Die Antwort ist einfach: Wir bleiben zu Hause. In den letzten fünf Jahren waren wir immer am Bodensee und immer in demselben Ferienhaus und wir haben immer dieselben Leute getroffen. Jetzt wohnen wir seit sechs Monaten in Rostock, aber wir hatten wegen der vielen Arbeit keine Zeit, unsere neue Heimat kennenzulernen. Eigentlich kennen wir nur das Stadtviertel, in dem wir wohnen, und die Wege zum Kindergarten und zur Arbeit. In den Ferien haben wir endlich Zeit, ohne Stress in der Stadt spazieren zu gehen, die Museen zu besichtigen und eine Fahrt mit dem Schiff auf der Ostsee zu machen. Abends machen wir es uns dann zu Hause gemütlich. Wir wollen spielen, lesen und zusammen kochen. Wir bekommen auch einige Tage Besuch von Verwandten. Das wird sicher ein wirklich schöner Urlaub! Was willst du im Urlaub machen? Schreibe mir bald.

Viele Grüße
deine Natalia

Am Stadthafen Rostock

1 Wohin ist Natalia mit ihrer Familie viele Jahre in den Urlaub gefahren?
2 Warum wollen sie in diesem Jahr zu Hause bleiben?
3 Was wollen sie machen?

**5a** Ergänzen Sie die Tabelle.

|  | m | n | f | Pl. |
|---|---|---|---|---|
| Nominativ |  |  | dieselbe |  |
| Akkusativ | denselben |  |  |  |
| Dativ |  | demselben |  |  |

**5b** Ergänzen Sie die passenden Formen aus 5a.

1 • Mein Kollege hat dieses Jahr ............................ Urlaubspläne wie ich.

2 • Er will mit ............................ Reiseagentur eine Kreuzfahrt machen.

3 • Ach, und fährt er auch in ............................ Zeit in den Urlaub?

4 • Nein, das nicht, aber er reist auf ............................ Schiff.

5 • Und hat er auch ............................ Kreuzfahrtroute gebucht?

6 • Nicht ganz, seine Reise hat ............................ Ziel, die Karibik.

7 • Das Schiff nimmt aber nicht ............................ Weg.

# B Meldungen und Durchsagen

**6a** Hinweisschilder. Was passt zusammen? Ordnen Sie zu.

- ☐ der Schienenersatzverkehr
- ☐ die Autobahn
- ☐ öffentliche Verkehrsmittel
- ☐ die Umleitung
- ☐ der Stau
- ☐ der Flughafen
- ☐ die Bauarbeiten
- ☐ die Ausfahrt

**6b** Verkehrsmeldungen und Durchsagen. Ergänzen Sie die passenden Wörter aus 6a.

1 An der ........................ Freiburg Nord Richtung Basel gibt es 5 km ........................ wegen eines Unfalls.

2 Zwischen Verden und Nienburg fahren heute keine Züge. Es gibt einen

........................ .

3 In der Innenstadt sind keine Parkplätze mehr frei. Man sollte ........................

........................ benutzen, wenn man in die Innenstadt fahren will.

4 Die ........................ A8 ist nach einem Unfall gesperrt, eine ........................ ist ausgeschildert.

5 In der Lindenallee gibt es ........................ . Deshalb kann es zu längeren Wartezeiten kommen.

6 Am ........................ Frankfurt streiken die Mitarbeiter, deshalb fallen viele Flüge aus.

**7a** Lesen Sie die Sätze und hören Sie. Für wen ist welche Meldung wichtig? Ordnen Sie zu.
2.02

A ☐ Teresa wohnt in Lahr und möchte am Samstag nach Offenburg fahren.
B ☐ Elvira fährt gerade mit dem Bus zur Universität.
C ☐ Gocha fährt auf der A4 nach Jena. Er ist gerade 10 km vor Stadtroda.
D ☐ Max ist mit dem Zug in Nürnberg angekommen und möchte weiter nach Lauf fahren.

**7b** Hören Sie noch einmal. Was sollen oder müssen die Personen tun? Schreiben Sie in Ihr Heft.
2.02

1 Gocha …
2 Teresa …
3 Max …
4 Elvira …